Jan
Twardowski

Jan Twardowski

BÓG PROSI O MIŁOŚĆ

Wybór i opracowanie
Aleksandra Iwanowska

Posłowie
Autora

Przekład
**Karl Dedecius
Karin Wolff**
oraz
**Rudolf Bohren
Ursula Kiermeier
Alfred Loepfe**

Wydawnictwo Literackie

Jan Twardowski

GOTT FLEHT UM LIEBE

Ausgewählt und bearbeitet von
Aleksandra Iwanowska

Mit einem Nachwort
des Autors

Übertragen von
Karl Dedecius
Karin Wolff
und
Rudolf Bohren
Ursula Kiermeier
Alfred Loepfe

Projekt obwoluty, tłoczenia oraz stron tytułowych
Andrzej Dudziński

Redakcja
Krystyna Zaleska
Piotr Bukowski

Redakcja techniczna
Bożena Korbut

ISBN 83-08-02811-X

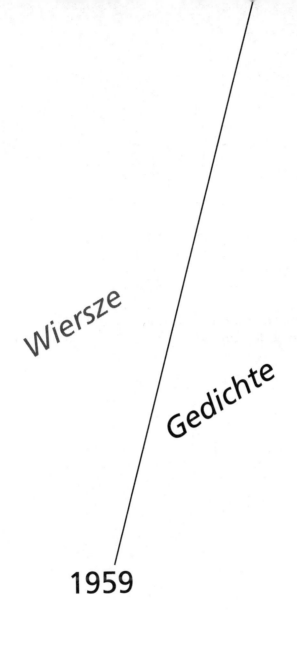

Wiersze

Gedichte

1959

SUPLIKACJE

Boże, po stokroć święty, mocny i uśmiechnięty —
Iżeś stworzył papugę, zaskrońca, zebrę pręgowaną —
kazałeś żyć wiewiórce i hipopotamom —
teologów łaskoczesz chrabąszcza wąsami —

dzisiaj, gdy mi tak smutno i duszno, i ciemno —
uśmiechnij się nade mną

SUPPLIKATION

Hundertfach heiliger Gott, starker und lächelnder —
denn Du erschufest den Papagei, die Blindschleiche, das gestreifte Zebra —
riefest ins Leben das Eichhörnchen und die Flußpferde —
die Theologen kitzelst Du mit des Maikäfers Schnurrbart —

Heute, da es mir so traurig, schwül und düster zumute ist —
o lächle über mir

Alfred Loepfe

* * *

Tylko mali grzesznicy spowiadają się długo
w niepokoju gorących warg —
potem niebo ich goni spadających gwiazd smugą,
jak pożary Joannę d'Arc

Ale wielcy grzesznicy na błysk mały przyklękną
i wypłaczą się jednym tchem —

potem noc mają cichą i jak dobry łotr świętą —
byłem z nimi, klękałem, wiem

* * *

Nur die kleinen Sünder beichten lange
mit hastigem, heißem Verlangen —
danach verfolgt sie der Himmel mit fallenden Sternen arg
wie das Feuer Jeanne d'Arc

Die großen Sünder knien nur einen Augenblick
und geben weinend in einem Atemzug alles preis —

dann schlafen sie ruhig und rein, wie ein gütiger Galgenstrick —
ich war unter ihnen, ich kniete, ich weiß

Karl Dedecius

PRYMICJA

O wiersze smutne moje,
w tym stroju pełnym haftu przed krzyżem Pańskim stoję

Jurkowi na Powązkach wojskowa dźwięczy sława,
a mnie tasiemka alby zakwitła u rękawa

O Jezu potłuczony, z tą szramą i tą różą
na chłopców spójrz z Powiśla, co do mszy przy mnie służą

Niech jednym choć oddechem westchnienie mi powierzą
czupurnych rówieśników co pod gruzami leżą

PRIMIZ

O meine traurigen Strophen,
im Meßgewand, reich bestickt, stehe ich vor dem Kreuze des Herrn,
betroffen,

für Jurek erklingt auf dem Friedhof Musik zu seinem Soldatenruhme,
und mir blüht die Borte am Ärmel wie eine Blume.

O Jesu, mit Wundmal und Rose, der Du uns gepeinigt erschienen,
sieh diese Weichsel-Jungen, die mir bei dem Meßamt dienen.

Möge ihr Atem mir wenigstens einen Seufzer vertrauen
von ihren Altersgenossen unter den Trümmern.

Karl Dedecius

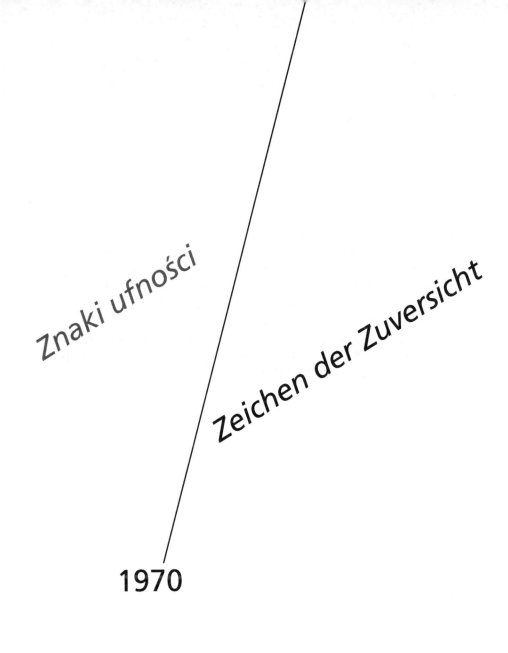

Znaki ufności

Zeichen der Zuversicht

1970

* * *

Dziękuję Ci po prostu za to, że jesteś
za to, że nie mieścisz się w naszej głowie, która jest za logiczna
za to, że nie sposób Cię ogarnąć sercem, które jest za nerwowe
za to, że jesteś tak bliski i daleki, że we wszystkim inny
za to, że jesteś już odnaleziony i nie odnaleziony jeszcze
że uciekamy od Ciebie do Ciebie
za to, że nie czynimy niczego dla Ciebie, ale wszystko dzięki Tobie
za to, że to czego pojąć nie mogę — nie jest nigdy złudzeniem
za to, że milczysz. Tylko my — oczytani analfabeci
chlapiemy językiem

* * *

Ich danke Dir einfach dafür, daß Du bist
dafür, daß Du in unseren Köpfen nicht Platz hast, denn sie sind zu logisch
dafür, daß Dich auch unsere Herzen nicht fassen, denn sie sind zu nervös
dafür, daß Du so nahe bist und so fern und in allem anders
dafür, daß Du schon entdeckt bist und noch unentdeckt
daß wir flüchten von Dir — zu Dir
dafür, daß wir nichts tun für Dich, aber alles dank Dir
dafür, daß, was ich nicht begreifen kann, dennoch nie eine Illusion ist
dafür, daß Du schweigst. Nur wir belesene Analphabeten
sind schnatternde Gänse

Alfred Loepfe

WYJAŚNIENIE

Nie przyszedłem pana nawracać
zresztą wyleciały mi z głowy wszystkie mądre kazania
jestem od dawna obdarty z błyszczenia
jak bohater w zwolnionym tempie
nie będę panu wiercić dziury w brzuchu
pytając co pan sądzi o Mertonie
nie będę podskakiwał w dyskusji jak indor
z czerwoną kapką na nosie
nie wypięknieję jak kaczor w październiku
nie podyktuję łez, które się do wszystkiego przyznają
nie zacznę panu wlewać do ucha świętej teologii łyżeczką

po prostu usiądę przy panu
i zwierzę swój sekret
że ja, ksiądz
wierzę Panu Bogu jak dziecko

ZUR GEFÄLLIGEN KENNTNISNAHME

Ich bin nicht gekommen, um Sie zu bekehren
übrigens sind mir alle gescheiten Argumente verflogen
aller glänzender Zierat ist längst von mir abgefallen
ich bin wie ein Held in verlangsamtem Tempo
Ich werde Ihnen kein Loch in den Bauch reden,
Sie nicht fragen „was halten Sie von Merton"
ich werde in der Diskussion nicht aufspringen wie ein Puter
mit dem roten Läppchen auf der Nase
auch nicht einherstolzieren wie ein Enterich im Oktober
keine Tränen fordern, die sich zu allem bekennen
Ihnen nicht die heilige Theologie ins Ohr gießen löffelweis

ich werde mich einfach neben Sie setzen
und Ihnen mein Geheimnis anvertrauen:
daß ich, ein Priester,
Gott glaube wie ein Kind

Alfred Loepfe

RACHUNEK SUMIENIA

Czy nie przekrzykiwałem Ciebie
czy nie przychodziłem stale wczorajszy
czy nie uciekałem w ciemny płacz ze swoim sercem jak piątą klepką
czy nie kradłem Twojego czasu
czy nie lizałem zbyt czule łapy swego sumienia
czy rozróżniałem uczucia
czy gwiazd nie podnosiłem których dawno nie ma
czy nie prowadziłem eleganckiego dziennika swoich żalów
czy nie właziłem do ciepłego kąta swej wrażliwości jak gęsiej skórki
czy nie fałszowałem pięknym głosem
czy nie byłem miękkim despotą
czy nie przekształcałem ewangelii w łagodną opowieść
czy organy nie głuszyły mi zwykłego skowytu psiaka
czy nie udowadniałem słonia
czy modląc się do Anioła Stróża — nie chciałem być przypadkiem
                                        aniołem a nie stróżem

czy klękałem kiedy malałeś do szeptu

GEWISSENSPRÜFUNG

Überschrie ich dich nicht
kam ich nicht ständig als der von gestern zu Dir
floh ich nicht in dunkles weinen mit meinem herz ganz bei trost
stahl ich Dir nicht Deine zeit
leckte ich mir nicht allzu sanft die pfoten meines gewissens
unterschied ich das gefühl
hißte ich nicht sterne die es längst nicht mehr gab
führte ich nicht ein elegantes tagebuch über meine klagen
verkroch ich mich nicht in den warmen winkel meiner empfindsamkeit
                                       aus gänsehaut
sang ich nicht mit schöner stimme falsch
war ich nicht ein weicher despot
formte ich nicht das evangelium zur sanften mär
überklang die orgel nicht das gewöhnliche jungehundeheulen
bewies ich nicht den elefanten
wollte ich nicht im gebet zu meinem Schutzengel vielleicht engel sein
                                       nicht beschützer
kniete ich als Du flüsterklein wurdest

Ursula Kiermeier

O MALUCHACH

Tylko maluchom nie nudziło się w czasie kazania
stale mieli coś do roboty
oswajali sterczące z ławek zdechłe parasole z zawistnymi łapkami
klękali nad upuszczonym przez babcię futerałem jak szczypawką
pokazywali różowy język
grzeszników drapali po wąsach sznurowadeł
dziwili się że ksiądz nosi spodnie
że ktoś zdjął koronkową rękawiczkę i ubrał tłustą rękę w wodę święconą
liczyli pobożne nogi pań
urządzali konkurs kto podniesie szpilkę za łepek
niuchali co w mszale piszczy
pieniądze na tacę odkładali na lody
tupali na zegar z którego rozchodzą się osy minut
wspinali się jak czyżyki na sosnach aby zobaczyć
co się dzieje w górze pomiędzy rękawem
a kołnierzem
wymawiali jak fonetyk otwarte zdziwione „O"
kiedy ksiądz zacinał się na ambonie

— ale Jezus brał je z powagą na kolana

VON KNIRPSEN

Nur die Knirpse langweilten sich nicht bei der Predigt
unentwegt hatten sie was zu tun
sie zähmten die aus den Bänken ragenden verreckten Regenschirme
                    mit den gehässigen Griffen
bückten sich nach der von der Oma fallengelassenen Hülle nieder wie
                    nach einem Laufkäfer
streckten die rosige Zunge heraus
kratzten die Sünder am Schnurrbart der Schnürsenkel
wunderten sich daß der Pfarrer Hosen trug
daß jemand den Spitzenhandschuh auszog und die fette Hand
                    in Weihwasser kleidete
zählten die andächtigen Frauenbeine
wetteten wer die Nadel am Köpfchen hochhebt
schnüffelten danach was im Meßbuch raschelte
das Geld für den Opferteller hoben sie für ein Eis auf
trampelten auf die Uhr aus der die Wespen der Minuten auseinanderflogen
reckten sich hoch wie Zeisige auf den Fichten um zu sehen
was oben passierte zwischen dem Ärmel
und dem Kragen
wie ein Lautlehrer sprachen sie das offene verwunderte „o"
wenn der Pfarrer auf der Kanzel stockte

— aber Jesus nahm sie allen Ernstes auf den Schoß

Karl Dedecius

ANKIETA

Czy nie dziwi cię
mądra niedoskonałość
przypadek starannie przygotowany
czy nie zastanawia cię
serce nieustanne
samotność która o nic nie prosi i niczego nie obiecuje
mrówka co może przenieść
wierzby gajowiec żółty i przebiśniegi
miłość co pojawia się bez naszej wiedzy
zielony malachit co barwi powietrze
spojrzenie z nieoczekiwanej strony
kropla mleka co na tle czarnym staje się niebieska
łzy podobno osobne a zawsze ogólne
wiara starsza od najstarszych pojęć o Bogu
niepokój dobroci
opieka drzew
przyjaźń zwierząt
zwątpienie podjęte z ufnością
radość głuchoniema
prawda nareszcie prawdziwa nie posiekana na kawałki
czy umiesz przestać pisać
żeby zacząć czytać?

UMFRAGE

Wundert dich nicht
die weise Unvollkommenheit
der sorgfältig vorbereitete Zufall
stimmt dich nicht nachdenklich
das beharrliche Herz
die Einsamkeit, die um nichts bittet und auch nichts verspricht
die Ameise, die umsiedeln kann
die Weiden, die gelbe Taubnessel und die Schneeglöckchen
die Liebe, die sich ohne unser Wissen zeigt
der grüne Malachit, der die Lüfte färbt
ein Blick aus unverhoffter Richtung
ein Tropfen Milch, der auf schwarzem Grunde bläulich aussieht
die, wie man meint, einsamen Tränen, die dennoch allgemein sind
ein Glaube — älter als der älteste Begriff von Gott
die Unruhe der Güte
der Schutz der Bäume
die Freundschaft der Tiere
der mit Vertrauen aufgenommene Zweifel
die taubstumme Freude
die Wahrheit, wenn sie endlich echt und nicht mehr klein geschnitzelt ist —
bist du in der Lage, mit dem Schreiben aufzuhören
um mit dem Lesen zu beginnen?

Karin Wolff

O UŚMIECHU W KOŚCIELE

W kościele trzeba się od czasu do czasu uśmiechać
do Matki Najświętszej która stoi na wężu jak na wysokich obcasach
do świętego Antoniego przy którym wiszą blaszane wota jak meksykańskie
                                                                    maski
do skrupulata który stale dmucha spowiednikowi w pompkę ucha
do mizernego kleryka którego karmią piersią teologii
do małżonków którzy wchodząc do kruchty pluszczą w kropielnicy
                                                    obrączki jak złote rybki
do kazania które się jeszcze nie rozpoczęło a już skończyło
do tych co świąt nie przeżywają ale przeżuwają
do moralisty który nawet w czasie adoracji chrupie kość morału
do dzieci które się pomyliły i zaczęły recytować:
Aniele Boży nie budź mnie niech ja najdłużej śpię
do pięciu pań chudych i do pięciu pań grubych
do zakochanych którzy porozkręcali swoje serca na części czułe
do egzystencjalisty który jak rudy lis przenosi samotność z jednego
                                                        miejsca na drugie
do podstarzałej łzy która się suszy na konfesjonale
do ideologa który wygląda jak strach na ludzi

VOM LÄCHELN IN DER KIRCHE

In der Kirche muß man von Zeit zu Zeit hinlächeln
zur Allerheiligsten Mutter die auf der Schlange wie auf hohen Absätzen steht
zum heiligen Antonius neben dem blecherne Weihgeschenke wie
                              mexikanische Masken hängen
zum Übereifrigen der dem Beichtvater pausenlos in die kleine Ohrpumpe
                              bläst
zum elenden Kleriker der sich vom Busen der Theologie nährt
zu den Eheleuten deren Ringe wenn sie die Vorhalle betreten im
                              Weihbecken wie Goldfische planschen
zur Predigt die noch nicht begonnen und schon zu Ende ist
zu denen die die Festtage zum Fressen gern haben
zum Moralisten der sogar während der Anbetung am Knochen der Moral nagt
zu den Kindern die irrtümlich zu rezitieren anfingen:
Engel Gottes mach mich nicht wach schenk mir einen langen Schlaf
zu den fünf mageren Frauen und zu den fünf dicken Frauen
zu den Verliebten die ihre Herzen in zärtliche Teile aufgedreht haben
zum Existentialisten der die Einsamkeit wie ein Rotfuchs vom einen Ort
                              zum anderen trägt
zur gealterten Träne die auf dem Beichtstuhl trocknet
zum Ideologen der wie ein Menschenschreck aussieht

Karl Dedecius

Z DZIECIĄTKIEM JEZUS

Święty Józef święty Stanisław Kostka święty Antoni
                 trzymają dziecko Jezus na ręku
opiekunowie wzruszeń
przyzwyczaili do siebie
ale kiedyś nocą kiedy penitenci pookrywali już kołdrami uszy
w sierpniu kiedy owady schodzą do ziemi
a jesiony za oknem obejmują się jak skrzydła
ponownie kwitną łąki i cichną ptaki
ktoś mi powiedział przez sen —
niech ksiądz weźmie Dzieciątko Jezus
sam je potrzyma na ręku
ustawi się pod filarem
serce mi zadrżało jak owies
a potem lęk — jakby uciekały okulary —
— ładne rzeczy — ksiądz z dzieckiem na ręku w kościele —
jedni powiedzą — świeżo upieczony święty
buty lampkami obstawią
inni zaczną w maszynach do pisania ostrzyć litery
anonimem w kurii oparzą
krzyżem wskażą godzinę
skrupulaci rozpoczną cedzić w siteczku cień sumienia

a Dziecko miało ślipka niebieskie
jak w Betlejem podstrzyżone włoski
bezbronne i jeszcze bez ran
ze wzruszenia na klęczkach mówiłem
coś bez sensu do Matki Boskiej

MIT DEM JESUSKIND

Der hl. Josef, der hl. Stanislaus Kostka, der hl. Antonius halten
                               das Jesuskind auf dem Arm
die Patrone der Rührung
sie vertragen sich gut miteinander
einst aber nachts als die Pönitenten schon tief in den Federn lagen
im August wenn das Ungeziefer sich im Boden verkriecht
und die Eschen vor dem Fenster sich wie Flügel umarmen —
da sprach jemand zu mir im Traum —
nehmen Sie das Jesuskind
selbst auf den Arm und
stellen Sie sich an den Pfeiler
das Herz zitterte mir wie Hafer im Wind
dann überkam mich Angst, als liefe mir die Brille davon
das sind mir schöne Geschichten
der Vikar mit einem Kind auf dem Arm
sagen die einen, ein frischgebackener Heiliger
und stellen Kerzen auf neben meinen Schuhen
die anderen wetzen die Lettern der Schreibmaschinen
sengen mich in der Kurie mit anonymen Briefen an
verzeigen Tag und Stunde
die Skrupulanten seihen Schatten des Gewissens durch das Sieb

das Kind aber hatte blaue Äuglein
die Haare waren gestutzt wie in Bethlehem
es war wehrlos und noch ohne Wunden
vor Rührung kniete ich nieder
und sagte etwas Sinnloses zu Seiner Mutter

Alfred Loepfe

MALOWANI ŚWIĘCI

Jak się czują malowani święci na wystawach
nie mogąc rozpoznać pod szminką świętości
swojej tajemnicy
milczącego dramatu
skuleni w reprezentacyjnej zbroi
nie mogą się nadziwić
że złote palce wymalowano im żółcią
srebrne twarze — błyszczącą bielą
do lśniącej czerni dolewano kleju
tylko oczy mają naprawdę niebieskie jak gęś domowa
wstydzą się
tytułów biżuterii i innych podrobów
onieśmieleni robią karierę w sklepach z dewocjonaliami

Co w nich prawdziwego
ucho
każdy obraz święty słyszy
nawet taki mały który dostałem przed maturą od matki
z głodnego dzioba pamięci
trzymam go za nitkę o wiele za krótką

GEMALTE HEILIGE

Wie fühlen sich wohl die gemalten Heiligen auf den Bilderausstellungen
wenn sie unter der Schminke der Heiligkeit
ihr Geheimnis, das stumme Drama, nicht wahrnehmen können
sie stehen geduckt unter der repräsentativen Rüstung
und wundern sich ohne Ende
daß ihre goldenen Finger nur gelb gemalt sind
das silberne Gesicht mit schimmerndem Bleiweiß
und daß das glänzende Schwarz mit Leim angemacht ist
nur die Augen sind wirklich blau, wie die einer Gans
sie schämen sich
der Titel, der Bijouterie und anderer Imitationen
verschüchtert machen sie Karriere in den Devotionalienläden

Eines aber ist echt an ihnen:
das Ohr
jedes Heiligenbild hört
sogar so ein kleines, das ich vor der Matura von der Mutter erhielt
im hungrigen Schnabel der Erinnerung
ich halte es an viel zu kurzem Faden

Alfred Loepfe

SPOJRZAŁ

Spojrzał
na gotyk co stale stroi średniowieczne miny
na osiemnastowieczny ołtarz jak barokową trumnę na szczurzych łapkach
na włochate dywany które zmieniają nasze kroki w skradające się koty
na żyrandol jak dziedziczkę w krynolinie
na jaśnie oświecony sufit
na pyszno pokutne klęczniki
na anioła co stale o jeden numer za mały
na liście co w świetle lampki czerwonej wydają się czarne

stanął w kącie załamał odjęte z krzyża ręce
i pomyślał
chyba to wszystko nie dla mnie

ER SCHAUTE

Er schaute
auf die Gotik, die fortwährend mittelalterliche Gesichter schneidet
auf den 18. Jahrhundert-Altar wie auf den Barocksarg mit Rattenpfoten
auf die langhaarigen Teppiche, die unsere Schritte in Katzenschleichen
                                                        verwandeln
auf den Lüster, der aussieht wie eine Gutsherrin in Krinoline
auf den hellerleuchteten Plafond
auf die prächtig metallbeschlagenen Kniebänke
auf den Engel, der ständig um eine Nummer zu klein ist
auf das Blattwerk, das im Schein des Ewigen Lichtes schwarz erscheint —

Er stand in einer Ecke, rang die vom Kreuz abgenommenen Hände
und dachte:
Das alles ist doch sicher nicht für mich bestimmt

Karin Wolff

NA SZARYM KOŃCU

Wreszcie na szarym końcu
zbaw teologów
żeby nie pozjadali wszystkich świec i nie siedzieli po ciemku
nie bili róży po łapach
nie krajali ewangelii na plasterki
nie szarpali świętych słów za nerwy
nie wycinali trzcin na wędki
nie kłócili się między sobą
nie zajeżdżali na hipopotamie łaciny
żeby się nie dziwili
że do nieba prowadzi
bezradny szczebiot wiary

AM GRAUEN ENDE

Und schließlich am grauen Ende
erlöse auch die Theologen
daß sie nicht alle Kerzen aufessen und nicht im Dunkeln sitzen
daß sie im Rosengarten keine Jagden veranstalten
das Evangelium nicht in Pflästerchen zerschneiden
den heiligen Worten nicht an den Nerven reißen
die Schilfrohre nicht verheeren, um Angelruten daraus zu machen
daß sie einander nicht in den Haaren liegen
nicht auf dem Flußpferd Latein einherreiten
und sich nicht darüber verwundern
daß in den Himmel führt
das hilflose Gestammel des Glaubens

Alfred Loepfe

33

BOJĘ SIĘ TWOJEJ MIŁOŚCI

Nie boję się dętej orkiestry przy końcu świata
biblijnego tupania
boję się Twojej miłości
że kochasz zupełnie inaczej
tak bliski i inny
jak mrówka przed niedźwiedziem
krzyże ustawiasz jak żołnierzy za wysokich
nie patrzysz moimi oczyma
może widzisz jak pszczoła
dla której białe lilie są zielononiebieskie
pytającego omijasz jak jeża na spacerze
głosisz że czystość jest oddaniem siebie
ludzi do ludzi zbliżasz
i stale uczysz odchodzić
mówisz zbyt często do żywych
umarli to wytłumaczą

boję się Twojej miłości
tej najprawdziwszej i innej

ICH FÜRCHTE DEINE LIEBE

Ich fürchte nicht das blasorchester zum ende der welt
das biblische aufdonnern
ich fürchte Deine liebe
daß Du so völlig anders liebst
so nah bist und anders
wie die ameise vor dem bären
die kreuze setzt wie zu hochgewachsene soldaten
du blickst nicht mit meinen augen
vielleicht siehst Du wie die biene
der weiße lilien himmelblaugrün sind
den fragenden meidest Du wie den igel auf dem spaziergang
verkündest reinheit ist hingabe
näherst menschen menschen
und lehrst beständig das fortgehen
Du sprichst fast zu oft zu den lebenden
das erklären die toten

ich fürchte Deine liebe
die wahrhaftigste und die andere

Ursula Kiermeier

TYLE WIEKÓW

Pochwalono chrześcijaństwo że tak długo rosło
mój Boże tyle wieków
nawet święci Twoi co poczernieli ze starymi deszczami
jak turkusy umierając zielenieją
a ono pobiegło do Matki Najświętszej
grającej małemu Jezusowi na laskowym orzechu
tak prawdziwej — że już bez powrotu

i skarżyło się do ucha
że się jeszcze na dobre nie zaczęło

SO VIELE JAHRHUNDERTE

man pries das christentum daß es so lange schon wuchs
mein gott so viele jahrhunderte
sogar Deine heiligen die alter regen schwarzgemalt hatte
schimmern sterbend wie die türkise grün
und es lief zur Allerheiligsten Mutter
die dem kleinen Jesus auf einer haselnuß spielte
so wahr — daß längst ohne wiederkehr

und beklagte sich ins ohr
daß es noch nicht zum guten begonnen habe

Ursula Kiermeier

UCIEKAM

Uciekam od obrazkowych ikon
mówiła Matka Boska
od papierowej o mnie abstrakcji
od pań jak modnych lalek pozujących do moich portretów
od kanonizowanej kosmetyki

niech malują moją piękność dzieci
nieświadomie z cudowną brzydotą
pośpiesznym kolorem
z nierównymi od wzruszenia brwiami
z ustami od ucha do ucha
z rudą myszą zmęczenia
w okrągłych łzach jak w drucianych okularach
ręką w której tyle pierwszego zdziwienia

ICH FLÜCHTE

Ich flüchte vor den illustrierten Ikonen
sagte die Muttergottes
vor meiner papierenen Abstraktion
vor dem Modepüppchen die zu meinen Porträts Modell stehn
vor der kanonisierten Kosmetik

Kinder sollen meine Schönheit malen
naiv mit der herrlichen Häßlichkeit
eiliger Farbe
mit Brauen die ungleich sind vor Erregung
mit dem Mund von einem Ohr zum andern
mit dem Schweiß der Erschöpfung
mit runden Tränen wie einem Brillengestell aus Draht
mit einer Hand in der so viel vom ersten Staunen ist

Karl Dedecius

NIC WIĘCEJ

Napisał „Mój Bóg” ale przekreślił, bo przecież pomyślał
o tyle mój o ile jestem sobkiem
napisał „Bóg ludzkości” ale ugryzł się w język bo przypomniał
sobie jeszcze aniołów i kamienie podobne w śniegu do królików
wreszcie napisał tylko „Bóg”. Nic więcej
Jeszcze za dużo napisał

SONST NICHTS

Er schrieb „Mein Gott" strich es aber durch denn er dachte
insofern mein als ich ein Selbstsuchtkranker bin
er schrieb „Gott der Menschheit" biß sich aber auf die Zunge denn ihm
fielen noch
die Engel ein und Steine die im Schnee wie Kaninchen aussehen
schließlich schrieb er nur „Gott". Sonst nichts
Immer noch zu viel

Karl Dedecius

WIERZĘ

Wierzę w Boga
z miłości do 15 milionów trędowatych
do silnych jak koń dźwigających paki od rana do nocy
do 30 milionów obłąkanych
do ciotek którym włosy wybielały od długiej dobroci
do wpatrujących się tak zawzięcie w krzywdę żeby nie widzieć sensu
do przemilczanych — śpiących z trąbą archanioła pod poduszką
do dziewczynki bez piątej klepki
do wymyślających krople na serce
do pomordowanych przez białego chrześcijanina
do wyczekującego spowiednika z uszami na obie strony
do oczu schizofrenika
do radujących się z tego powodu że stale otrzymują i stale muszą oddawać
bo gdybym nie wierzył
osunęliby się w nicość

ICH GLAUBE

Ich glaube an Gott
aus liebe zu den 15 millionen leprakranken
den pferdestarken die vom morgen bis in die nacht packen schleppen
den 30 millionen schwachsinnigen
den tanten denen das haar über ihre lange güte weiß wurde
denen die so beharrlich ins unrecht starren um keinen sinn zu sehen
den verschwiegenen — denen die mit der trompete des erzengels unterm
kissen schlafen

dem mädchen nicht ganz bei trost
denen die herztropfen erdenken
denen die vom weißen christen gemordet wurden
denen die einen beichtvater mit ohren zu beiden seiten erwarten
den augen des schizophrenen
denen die sich darüber freuen daß sie beständig erhalten und beständig
geben müssen

denn glaubte ich nicht
so glitten sie ab ins nichts

Ursula Kiermeier

43

NIEWIDOMA DZIEWCZYNKA

Matko mówiła niewidoma dziewczynka
tuląc się do Jej obrazu
poznam Cię światełkami palców

Korona Twoja zimna — ślizgam się po niej jak po gładkiej szybie
są kolory tak ciężkie że odstają od przedmiotu
to co złote chodzi swoimi drogami i żyje osobno
Słucham szelestu Twoich włosów
idę chropowatym brzegiem Twojej sukni
odkrywam gorące źródła rąk
pomarszczoną pończoszkę skóry
szorstkie szczeliny twarzy
żwir zmarszczek
tkliwość obnażenia
ciepłą ciemność
sprawdzam szramę jak bliznę po miłości
zatrzymuję tu oddech w palcach
uczę się bólu na pamięć
zdrapuję to co przywarło ze świata jak śmierć niegrzeczna
wydobywam puszystość rzęs odwracam łzę
zbieram nosem zapach nieba
odgaduję wreszcie małego Jezusa z potłuczonym spuchniętym kolanem
                                                    na Twym ręku
Tyle tu wszędzie spokoju pomiędzy słowem a miłością
kiedy dotykam
obraz stuka jak krew
klejnoty niepotrzebnie jęczą
robaczek piszczy w trzewiku
sypie się szmerem czas
pachną korzonki farb
milknie ucho Opatrzności
Palce moje umieją się także uśmiechać
miętosząc Twój staroświecki szal

BLINDES MÄDCHEN

Mutter sagte das blinde Mädchen
sich an Ihr Bild schmiegend
ich erkenne Dich mit den Lichtern der Finger

Deine Krone ist kalt — ich rutsche an ihr ab wie an einer
                                        glatten Scheibe
die Farben sind so schwer daß sie vom Gegenstand abstehen
was gold ist geht seiner Wege und lebt gesondert
Ich höre das Rascheln Deiner Haare
gehe am derben Ufer Deines Kleides
entdecke die heißen Quellen der Hände
den runzligen Strumpf der Haut
die rauhen Ritzen des Gesichts
den Kies der Runzeln
die Zärtlichkeit der Enthüllung
das warme Dunkel
prüfe die Schramme wie ein Wundmal der Liebe
mein Atem stockt in den Fingern
lerne den Schmerz auswendig
kratze ab was von der Welt haften blieb wie der ungezogene Tod
entdecke den Flaum der Wimpern wende die Träne
sammle mit der Nase den Geruch des Himmels ein
errate endlich den kleinen Jesus mit dem verletzten geschwollenen Knie
                                        in Deinem Arm
Überall herrscht hier soviel Frieden zwischen Wort und Liebe
wenn ich's berühre
pocht das Bild wie Blut
die Juwelen stöhnen überflüssigerweise
das Würmchen im Schuh piepst
die Zeit rieselt laut
die Wurzeln der Farben duften
das Ohr der Vorsehung verstummt
Auch meine Finger können lächeln
wenn ich Deinen altmodischen Schal zerknülle

45

ciągnąc rękaw jak ugłaskanego smoka
odsłaniam z włosów kryjówkę słuchu —
żartuję że czuwając mrużysz lewe oko
stopy masz bose — od spodu pomarszczone jak podbiał
przecież nie chodzisz w szpilkach po niebie
myślę że Ty także nie widzisz
oddałaś wzrok w Wielki Piątek
stało się wtedy tak cicho
jakbyś prostowała na zegarku ostatnią sekundę
i już nie pasują do nas żadne poważne okulary
oparłaś się na świętym Janie jak na białej kwitnącej lasce
piszesz dalszy ciąg Magnificat alfabetem Braille'a
którego nie znają teologowie bo za bardzo widzą
tak Cię sumiennie zasuwają na noc w jasnogórskie blachy pancerne
To nic
wystarczy kochać słuchać i obejmować

den Ärmel wie einen gezähmten Drachen ziehe
das Versteck des Gehörs im Haar enthülle
scherze daß Du im Wachen mit dem linken Auge blinzelst
Deine Füße sind nackt — unten runzlig wie Huflattich
Du läufst doch im Himmel nicht in Stöckelschuhen
ich denke Du siehst auch nicht
hast am Karfreitag deine Sehkraft aufgegeben
damals ist es so still geworden
als würdest Du auf dem Zifferblatt die letzte Sekunde begradigen
nun paßt zu uns keine seriöse Brille mehr
wie auf einen weißen blühenden Stock hast Du Dich auf den heiligen
Johannes gestützt
die Fortsetzung des Magnificat schreibst Du im Alphabet Brailles
den die Theologen nicht kennen denn sie sehen zu klar
so gewissenhaft riegeln sie Dich für die Nacht mit dem Tschenstochauer
Panzerblech ab

Das macht nichts
es genügt zu lieben zu hören zu umarmen

Karl Dedecius

47

O WIERZE

Jak często trzeba tracić wiarę
urzędową
nadętą
zadzierającą nosa do góry
asekurującą
głoszoną stąd dotąd
żeby odnaleźć tę jedyną
wciąż jak węgiel jeszcze zielony
tę która jest po prostu
spotkaniem po ciemku
kiedy niepewność staje się pewnością
prawdziwą wiarę bo całkiem nie do wiary

VOM GLAUBEN

Wie oft muß man den Glauben verlieren
den amtlichen
den aufgeblasenen
den einherstolzierenden
den lebensversichernden
den Glauben „von hier — bis dahin" —
um den einzigen zu finden
den unverglühten, grünen
den der einfach eine
Begegnung im Dunkeln ist
da Ungewißheit zur Gewißheit wird
den wahren, weil unglaublichen Glauben

Alfred Loepfe

PODZIĘKOWANIE

Dziękuję Ci że nie jest wszystko tylko białe albo czarne
za to że są krowy łaciate
bladożółta psia trawka
kijanki od spodu oliwkowozielone
dzięcioły pstre z czerwoną plamą pod ogonem
pstrągi szaroniebieskie
brunatnofioletowa wilcza jagoda
złoto co się godzi z każdym kolorem i nie przyjmuje cienia
policzki piegowate
dzioby nie tylko krótkie albo długie
przecież gile mają grube a dudki krzywe
za to
że niestałość spełnia swe zadanie
i ci co tak kochają że bronią błędów
tylko my chcemy być wciąż albo albo
i jesteśmy na złość stale w kratkę

DANKSAGUNG

Ich danke Dir dafür daß nicht alles nur schwarz oder weiß ist
dafür daß die Kühe gefleckt sind
das Borstengras blaßgelb
die Kaulquappen unten olivgrün
die Buntspechte rot unter ihren Schwänzchen
die Forellen graublau
die Tollkirsche braunlila
dafür daß das Gold sich mit jeder anderen Farbe verbindet und schattenlos ist
daß manche Wangen mit Sommersprossen besät sind
daß Schnäbel nicht einfach kurz oder lang sind
denn Gimpel haben sie dick und Wiedehopfe krumm
und dafür
daß Unbeständigkeit ihren Sinn hat
daß Liebende auch die Fehler ihrer Geliebten lieben
nur wir wir wollen alles entweder oder
und sind unentwegt wie zum Trotz kariert

Karl Dedecius

KTÓRY

Który stworzyłeś
pasikonika jak szmaragd z oczami na przednich nogach
czerwoną trajkotkę z wąsami na głowie
bociana gimnastykującego się na łące
kruka niosącego brodę z dłuższych piór
barana znającego tylko drugą literę łacińskiego alfabetu
kolibra lecącego tyłem
słonia wstydzącego się umierać może dlatego że taki duży
osła aż tak miłego że głupiego
kowalika chodzącego do góry ogonem
zresztą wszystkich co nie wiedzą dlaczego ale wiedzą jak
kanciaste orzeszki buku co pękają tylko na czworo
anioła po nieobecnej stronie — bez własnego pogrzebu z braku ciała
żabę grającą jak nakręcony budzik
nieśmiertelniki więdnące — więc prawidłowe i nieprawdziwe
dyskretną rozpacz jak pogodne krakanie
logiczną formułkę nad przepaścią
niezawinioną winę
psiaka z półopadniętym uchem
łzę jak skrócony rachunek
chyba jeszcze nie powstał na serio świat
jeszcze trwa Twój uśmiech niedokończony

DEIN LÄCHELN

Der Du geschaffen hast
das smaragdgrüne Heupferd mit den Augen an den Vorderbeinen
die rote Feldheuschrecke mit Schnurrbarthaaren auf dem Kopf
den Storch, der auf der Wiese Gymnastik betreibt
den Raben mit Kinnbart aus längeren Federn
den Schafbock, der nur den zweiten Buchstaben des Alphabetes kennt
den Kolibri, der rückwärts fliegt
den Elefanten, der sich zu sterben schämt — vielleicht weil er so groß ist
den Esel — so lieb, daß er schon wieder dumm ist
den Blauspecht, der mit dem Schwanz nach oben läuft
— übrigens alle, die nicht wissen: warum, aber wissen: wie —
die kantigen Bucheckern, die in nur vier Teile aufplatzen
den Engel auf der fehlenden Seite — ohne eigenes Begräbnis aus Mangel
                                              an Körper
den Frosch, der wie ein aufgezogener Wecker kekkert
welkende Immortellen — vorschriftsmäßig, also wahr und unwahr zugleich
die diskrete Verzweiflung wie ein sanftes Gekrächze
die kleine logische Formel über gähnendem Abgrund
die unverschuldete Schuld
das Hundejunge mit dem einen Schlappohr
die Träne wie eine reduzierte Rechnung —
es scheint, als sei die Welt im Ernst noch nicht entstanden
noch dauert Dein unvollendetes Lächeln

Karin Wolff

KTÓRĘDY

Którędy do Ciebie
czy tylko przez oficjalną bramę
za świętymi bez przerwy
w sztywnych kołnierzykach
niosącymi przymusowy papier z pieczątką
może od innej strony
na przełaj
trochę naokoło
od tyłu
poprzez ciekawą wszystkiego rozpacz
poprzez poczekalnię II i III klasy
z biletem w inną stronę
bez wiary tylko z dobrocią jak na gapę
przez ratunkowe przejścia na wszelki wypadek
z zapasowym kluczem do samej Matki Boskiej
przez wszystkie małe furtki zielone otwierane z haczyka
przez drogę niewybraną
przez biedne pokraczne ścieżki
z każdego miejsca skąd wzywasz
nie umarłym nigdy sumieniem

WELCHEN WEG

Welchen weg zu Dir
nur den durch das offizielle portal
den heiligen nach unablässig
im steifen kragen
in der hand das erforderliche papier mit stempel
vielleicht von einer anderen seite
querfeldein
ein wenig ringsum
von hinten
durch die auf alles neugierige verzweiflung
durch den wartesaal 2. und 3. klasse
mit einem fahrschein in eine andere richtung
ohne glauben allein mit güte als führe man schwarz
durch den noteingang für alle fälle
mit dem ersatzschlüssel der Mutter Gottes selbst
durch alle kleinen pforten grün vom haken gelöst
den unerwählten weg
die armseligen mißgestalten pfade
von jedem ort von dem du rufst
über das niemals tote gewissen

Ursula Kiermeier

TROCHĘ PLOTEK O ŚWIĘTYCH

Święci — to także ludzie a nie żadne gąsienice dziwaczki
nie rosną krzywo jak ogórki
nie rodzą się ani za późno ani za wcześnie
święci bo nie udają świętych
na przystankach marznąc przestępują z nogi na nogę
śpią czasem na jedno oko
wierzą w miłość większą od przykazań
w to że są cierpienia ale nie ma nieszczęść
wolą klękać przed Bogiem niż płaszczyć się przed człowiekiem
nie lubią deklamowanej prawdy
ani klimatyzowanego sumienia
nie przypuszczają żeby z jednej strony było wszystko a z drugiej guzik
z pętelką
stale spieszą kochać
znajdują samotność oddalając się od siebie a nie od świata
tę samotność bez której świat dostaje bzika
są tak bardzo obecni że ich nie widać
nie lękają się nowych czasów które przewracają wszystko do góry nogami
nie chcą być również umęczeni w słodki sposób jak na nabożnych obrazkach
niekiedy nie potrafią się modlić ale modlą się zawsze
chętnie wzięliby na indeks niejedną dobrą książkę żeby bronić jej
przed głupim czytelnikiem
nie noszą zegarków po to żeby wiedzieć ile się spóźnić
mają sympatyczne wady i niesympatyczne zalety
boją się grzechu jak fotela z fałszywą sprężyną
uważają że tylko pies jest dobry kiedy jest zły
nie mają i dlatego rozdają
tak słabi że przenoszą góry
potrafią żyć i nie dziwić się odchodzącym
potrafią umierać i nie odchodzić

EIN BISSCHEN HEILIGENKLATSCH

Die Heiligen sind ebenfalls Menschen und keine Wundertiere
sie wachsen nicht krumm wie die Gurken
kommen zur Welt nicht zu früh und nicht zu spät
Heilige sind sie, weil sie sich nicht wie Heilige gebärden
und sie treten von einem Fuß auf den anderen, wenn sie frieren an den
                                                    Haltestellen
manchmal schlafen sie nur mit einem Auge
sie glauben an eine Liebe, die größer ist als die Gebote
glauben, daß es Leiden gibt, aber kein Unglück
sie wollen lieber vor Gott knien als sich vor den Menschen in den Staub
                                                    werfen
sie lieben nicht deklamierte Wahrheiten
auch nicht klimatisierte Gewissen
sie nehmen nicht an, auf der einen Seite sei alles und auf der anderen
                              gebe es nichts mit sieben Nullen
immer sind sie in Eile — zu lieben
sie finden Einsamkeit, indem sie sich von sich selbst zurückziehen
                                        nicht von der Welt
jene Einsamkeit, ohne die die Welt überschnappen würde
sie sind so gegenwärtig, daß man sie nicht bemerkt
fürchten die neuen Zeiten nicht, die alles auf den Kopf stellen
sie wollen nicht so süß gequält sein, wie sie auf den Heiligenbildchen
                                                    aussehen
manchmal können sie nicht mehr beten, beten aber immer
gerne würden sie manches gute Buch auf den Index setzen, um es
                        vor dummen Lesern zu schützen
sie tragen ihre Uhren nicht um zu wissen, wieviel sie nachgehen
Sie haben sympathische Fehler und unsympathische Tugenden
sie fürchten die Sünde wie einen Fauteuil mit kaputter Federung
sie meinen: nur der Hund ist gut, der böse ist
sie haben nichts und verschenken darum
sie sind so schwach, daß sie Berge versetzen
sie vermögen zu leben, ohne sich über die zu wundern, die von hinnen gehen
sie vermögen zu sterben, ohne von hinnen zu gehen

Można o nich wiele mądrzej pisać ale po co
trzymają się przyjaźni jak gawron gawrona
poznają późne lato po niebieskiej goryczce
słyszą na pamięć wilgi gwiżdżące przed deszczem
bawią ich jeszcze grzyby nieprawdziwe

Man könnte über sie viel Gescheiteres schreiben, doch wozu
Sie halten Freundschaft wie Krähen und Dohlen
daß der Sommer zu Ende geht, erkennen sie am blauen Enzian
sie hören ums Leben gern den Goldamseln zu, wenn sie vor dem Regen pfeifen
und Freude haben sie an den Pilzen, noch bevor sie eßbar sind

Alfred Loepfe

WIĘC TO CIEBIE SZUKAJĄ

Więc to Ciebie szukają gdy kupują kwiaty
by na serio powtarzać romantyczne słowa
wierność innym ślubując gdy biegną po schodach
roznosząc swoje serce pod różne adresy
gdy patrzą sobie w oczy by siebie nie widzieć
więc to Ciebie szukają nic nie wiedząc o tym

pisząc o dziurze w niebie o bólu zdumienia
czy Bóg być musi jeśli Boga nie ma
czy może się sumienie zaciąć jak parasol
o tym że kto nie płacze przestaje być dzieckiem
o głuchym co wykończy wreszcie kaznodzieję
gdy nie pasują jak dwie nogi lewe
gdy mówią: Zaraz przyjdę. Czekajcie z herbatą
mam tylko pospisywać nazwiska z cmentarza
niewielka to robótka zaraz będę gotów

gdy chcą oddawać wszystko umierać dla kogoś
maciejkę czułą w nocy pieścić na pamiątkę
gdy trąbią z przekonania że nikogo nie ma
i chodzą wkoło Ciebie jak czapla po desce

DICH SUCHEN SIE ALSO

Dich suchen sie also wenn sie die Blumen kaufen
um romantische Wörter ernst nachzusprechen
Treue gelobend den andren Treppen laufend
ihr Herz an verschiedne Adressen tragend
wenn sie sich in die Augen schauen um sich nicht zu sehen
Dich suchen sie also ohne es zu wissen

vom Loch im Himmel vom Schmerz der Verwunderung schreibend
ob Gott denn sein muß wenn es Gott nicht gibt
ob das Gewissen klemmen kann wie Regenschirme
davon daß wer nicht weint aufhört ein Kind zu sein
von einem Tauben der endlich den Prediger erledigt
wenn sie nicht passen wie zwei linke Beine
wenn sie sagen: Ich komm' gleich. Wartet mit dem Tee
ich habe nur die Friedhofsnamen abzuschreiben
eine Kleinigkeit gleich bin ich damit fertig

wenn sie alles aufgeben sterben wollen für jemand
zur Erinnerung nachts eine zärtliche Matthiole kosen
wenn sie aus Überzeugung trompeten niemand sei da
und schreiten um Dich rings wie Reiher auf dem Brett

Karl Dedecius

SPRAWIEDLIWOŚĆ

Prof. Annie Świderkównie

Gdyby wszyscy mieli po cztery jabłka
gdyby wszyscy byli silni jak konie
gdyby wszyscy byli jednakowo bezbronni w miłości
gdyby każdy miał to samo
nikt nikomu nie byłby potrzebny

Dziękuję Ci że sprawiedliwość Twoja jest nierównością
to co mam i to czego nie mam
nawet to czego nie mam komu dać
zawsze jest komuś potrzebne
jest noc żeby był dzień
ciemno żeby świeciła gwiazda
jest ostatnie spotkanie i rozłąka pierwsza
modlimy się bo inni się nie modlą
wierzymy bo inni nie wierzą
umieramy za tych co nie chcą umierać
kochamy bo innym serce wychłódło
list przybliża bo inny oddala
nierówni potrzebują siebie
im najłatwiej zrozumieć że każdy jest dla wszystkich
i odczytywać całość

GERECHTIGKEIT

Für Prof. Anna Świderkówna

Wenn alle je vier Äpfel hätten
wenn alle gesund und stark wären wie ein Roß
wenn alle gleich wehrlos wären in der Liebe
wenn jeder dasselbe hätte
dann brauchte keiner den andern

Ich danke Dir, daß Deine Gerechtigkeit Ungleichheit ist
was ich habe und was ich nicht habe
sogar wofür es keine Abnehmer gibt
all das kann doch jemand nötig sein
es gibt die Nacht, damit es den Tag gibt
es ist dunkel, damit die Sterne leuchten
es gibt die letzte Begegnung und die erste Trennung
wir beten, weil andere nicht beten
wir glauben, weil andere nicht glauben
wir sterben für die, die nicht sterben wollen
wir lieben, weil anderen das Herz erkaltet ist
ein Brief nähert, weil ein anderer entfernt...
ungleiche brauchen einander
sie verstehen am besten, daß alle auf alle angewiesen sind
und ahnen das Ganze

Alfred Loepfe

SAMOTNOŚĆ

Nie proszę o tę samotność najprostszą
pierwszą z brzega
kiedy zostaję sam jeden jak palec
kiedy nie mam do kogo ust otworzyć
nawet strzyżyk cichnie choć mógłby mi ćwierkać przynajmniej jak półwróbla
kiedy żaden pociąg pośpieszny nie śpieszy się do mnie
zegar przystanął żeby przy mnie nie chodzić
od zachodu słońca cienie coraz dłuższe
nie proszę Cię o tę trudniejszą
kiedy przeciskam się przez tłum
i znowu jestem pojedynczy
pośród wszystkich najdalszych bliskich
proszę Ciebie o tę prawdziwą
kiedy Ty mówisz przeze mnie
a mnie nie ma

EINSAMKEIT

Ich bitte Dich nicht um die einfachste einsamkeit
die erste beste
wenn ich einzeln bleibe wie ein finger
wenn ich niemanden habe dem sich meine lippen öffnen könnten
sogar der zaunkönig verstummt anstatt mir zumindest als halbspatz
                                              zu tschilpen
wenn kein eilzug mir entgegen eilt
die uhr zaudert um nicht an meiner seite zu gehen
der sonnenuntergang die schatten immer weiter längt
ich bitte Dich nicht um die schwierigere
wenn ich mich durch die menge dränge
und wieder vereinzelt bin
unter all denen fernab nah
ich bitte Dich um jene wahre
wenn Du durch mich sprichst
und ich nicht da bin

Ursula Kiermeier

65

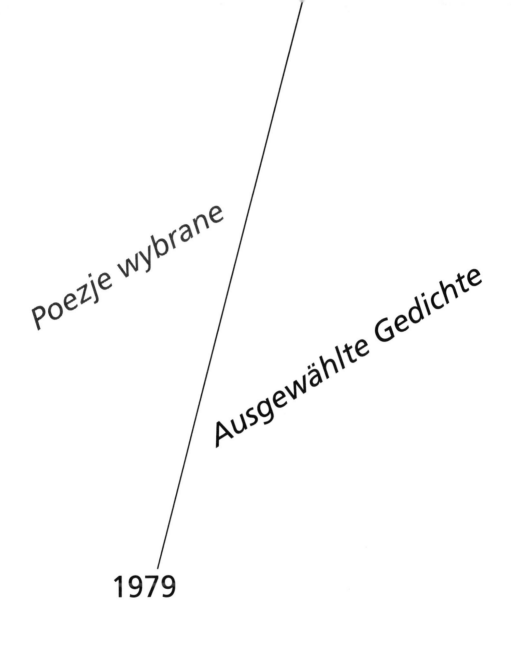

Poezje wybrane

Ausgewählte Gedichte

1979

PRZEPIÓRKA

Przepiórko co się najgłośniej odzywasz
zawsze o wschodzie i zachodzie słońca
prawda że tylko dwie są czyste chwile
ta wczesna jasna i tamta o zmierzchu
gdy Bóg dzień daje i gdy go zabiera
gdy ktoś mnie szukał i jestem mu zbędny
gdy ktoś mnie kochał i gdy sam zostaję
kiedy się rodzę kiedy umieram
te dwie sekundy co zawsze przyjdą
ta jedna biała ta druga ciemna
tak bardzo szczere że obie nagie
tak poza nami że nas już nie ma

DIE WACHTEL

Wachtel, die du am lautesten rufst
beim Aufgang und beim Untergang der Sonne
wahr ist es, daß nur zwei Augenblicke rein sind:
jener frühe helle und dieser um die Dämmerung
wenn Gott den Tag gibt und ihn wieder nimmt
wenn wer mich sucht und ich ihm unnütz bin
wenn wer mich liebt und ich alleine bleib
wenn ich geboren werde und wenn ich sterben muß —
die zwei Sekunden, die immer kommen:
die eine weiß, die andre schwarz
und derart offenherzig, daß sie beide nackt sind
so außer uns, daß es uns nicht mehr gibt

Karin Wolff

DRZEWA NIEWIERZĄCE

Drzewa po kolei wszystkie niewierzące
ptaki się zupełnie nie uczą religii
pies bardzo rzadko chodzi do kościoła
naprawdę nic nie wiedzą
a takie posłuszne

nie znają ewangelii owady pod korą
nawet biały kminek najcichszy przy miedzy
zwykłe polne kamienie
krzywe łzy na twarzy
nie znają franciszkanów
a takie ubogie

nie chcą słuchać mych kazań gwiazdy sprawiedliwe
konwalie pierwsze z brzegu bliskie więc samotne
wszystkie góry spokojne jak wiara cierpliwe
miłości z wadą serca
a takie wciąż czyste

BÄUME OHNE GLAUBEN

Die Bäume im Spalier alle ohne Glauben
die Vögel ohne jeden Religionsunterricht
der Hund der selten in die Kirche geht
wissen wirklich nichts
und doch sind sie so gehorsam

den Insekten unter der Rinde ist das Evangelium fremd
sogar der weiße Kümmel ganz leise am Rain
der gewöhnlichste Feldstein
die krumme Träne im Gesicht
wissen nichts von den Franziskanern
und doch sind sie so arm

meine Predigt wollen sie nicht hören die gerechten Sterne
die ersten besten Maiglöckchen nah also einsam
alle gelassenen Berge die geduldig sind wie der Glaube
die Lieben die einen Herzfehler haben
und doch sind sie immer so rein

Karl Dedecius

POCZEKAJ

Nie wierzysz — mówiła miłość
w to że nawet z dyplomem zgłupiejesz
że zanudzisz talentem
że z dwojga złego można wybrać trzecie
w życie bez pieniędzy
w to że przepiórka żyje pojedynczo
w zdartą korę czeremchy co pachnie migdałem
w zmarłą co żywa pojawia się we śnie
w modnej nowej spódnicy i rozciętej z boku
w najlepsze najgorsze
w każdego łosia co ma żonę klępę
w dziewczynkę z zapałkami
w niebo i piekło
w diabła i Pana Boga
w mieszkanie za rok

Poczekaj jak cię rąbnę
to we wszystko uwierzysz

WART NUR

Du glaubst nicht, sagte die Liebe
daß du auch mit Diplom verdummen
und mit Talent zum Langweiler wirst
daß man aus zwei Übeln das dritte wählen kann
an ein Leben ohne Geld
daran daß die Wachtel getrennt lebt
an abgerissene Traubenkirschenrinde die nach Mandeln riecht
an eine Tote die im Traum lebend erscheint
in neumodischem Rock mit dem Schlitz an der Seite
an das Beste vom Schlechten
an jeden Elch der eine Elchkuh zur Frau hat
an das Mädchen mit den Schwefelhölzchen
an Himmel und Hölle
an Teufel und Herrgott
an die Wohnung in einem Jahr

wart nur wenn ich dir eins haue
dann wirst du das alles glauben

Rudolf Bohren

PRZEZROCZYSTOŚĆ

Modlę się Panie żebym nie zasłaniał
był byle jaki ale przezroczysty
żebyś widział przeze mnie kaczkę z płaskim nosem
żółtego wiesiołka co kwitnie wieczorem
wciąż od początku świata cztery płatki maku
serce co w liście wzruszenie rysuje
(chociaż serce chuligan bo bije po ciemku)
pióro co pisze krzywo kiedy ręka płacze
psa co rozpoczął już wyć do sputnika
mrówkę która widzi rzeczy tylko wielkie
więc nawet jej przyjemnie że jest taka mała
miłość jak odległość trudną do przebycia
zło z którym biegnie cierpienie niewinne
bliskich umarłych i nagle dalekich
jakby jechali bryczką w siwe konie
babcię co mówi do dziewczynki w parku
kiedy będziesz dorosła jeszcze mniej zrozumiesz
najkrótszą drogę co zawsze przy końcu

aby już Ciebie tylko było widać

TRANSPARENZ

Ich bete, Herr daß ich nur nichts bemäntele
daß ich, gleich wie, hauptsächlich zu durchschauen bin
damit man durch mich hindurch die plattnasige Ente sieht
die gelbe Nachtkerze, die am Abend blüht
die seit Anfang der Welt gleichbleibend vier Blätter des Mohns
das Herz, das im Brief Ergriffenheit zeichnet
(obwohl das Herz ein Rowdy ist, weil es im Dunkeln schlägt)
die Feder, die krakelig schreibt, wenn die Hände weinen
den Hund, der heute schon manchmal den Sputnik anheult
die Ameise, die nur große Dinge sieht
es daher sogar angenehm findet, daß sie so klein ist
damit man auch das Böse sieht, mit dem das unschuldige Leiden umherläuft
die Liebe ist wie die Entfernung schwer zu überwinden —
die toten Nächsten, die auf einmal fern sind
als wären sie davongefahren mit einem Schimmelgespann
die Oma, die im Park zu einem kleinen Mädchen sagt:
„Wenn du groß bist, wirst du noch viel weniger verstehen"
den Weg, der zum Ende hin kürzer und kürzer wird

damit schließlich Du nur allein zu sehen bist

Karin Wolff

TO NIEPRAWDZIWE

To nieprawdziwe trudne nieudane
ta radość półidiotka bólu nowy kretyn
żale jak byliny kwiaty zimnotrwałe
rozum co nie przeszkadza żadnemu odejściu
miłość której nigdy nie ma bez rozpaczy
serce ciemne do końca choć jasne wzruszenia
pociecha po to tylko że prawdę oddala
żuczek co nas nie złączył choć obleciał wkoło
śnieg tak bardzo wzruszony że niewiele wiedział
jedna mrówka co zbiegła nareszcie z mrowiska
uśmiech twój co za życia mi się nie należał

wszystko stało się drogą
co było cierpieniem

DAS UNWAHRE

Das Unwahre, Schwierige, Fehlgeschlagene
die Halbidiotin Freude, des Schmerzes neuer Schwachkopf
Reue wie winterharte Blumenstauden
Vernunft, die keiner Trennung wehrt
Liebe, die es nie ohne Verzweiflung gibt
das bis ans Ende finstere Herz, wenn auch hell oft von Rührung
Tröstung nur dazu, daß sie das Wahre fernhält
das Käferchen, das uns nicht verband, obschon es uns umkreiste
Schnee — so sehr gerührt, daß er nichts gewahr wird
die eine Ameise, die endlich aus dem Haufen davonlief
dein Lächeln, das mir bei Lebzeiten nicht zustand —

alles wurde zum Weg
was Leiden gewesen...

Karin Wolff

KOŁO

Chciałem wiarę utracić lecz spokój był dalej
gwiazdę zagasić — nie drgnęła cała reszta świata
ptakom lato przedłużyć — została sikorka
jasnoniebieska zawsze na początku zimy
chciałem działać pozmieniać — napomniał mnie kamień
czyżeś zgłupiał do końca — aktywni czas tracą
chciałem zwątpić — w zwątpieniu znalazłem milczenie
to od czego się wiara z powrotem zaczyna

IM KREISE

Ich wollte den Glauben verlieren, doch es war weiterhin Friede
den Stern auslöschen – kein Wimpernzucken von der ganzen übrigen Welt
den Vögeln wollte ich den Sommer verlängern — es kamen die Meisen
leuchtend hellblau wie immer zu Anfang des Winters
ich wollte handeln, verändern — es mahnte ein Stein mich:
bist du völlig verblödet — die Aktiven sind stets Zeitvergeuder
ich wollte zweifeln — im Zweifel fand ich das Schweigen
das, womit der Glaube aufs neue beginnt

Karin Wolff

ŚCIEŻKA

Modlę się żeby go nie ogłoszono świętym
nie malowano
nie wytykano palcami
nie ośmiecano życiorysem koniecznym i niepotrzebnym

bez fotografii tak dokładnej że nieprawdziwej
bez reklamy śmierci
bez wiary wygładzonego szkiełka
żeby był ścieżką jak życie drobną
schyloną jak kłosy
przez którą przebiegł Jezus
nieśmiały i bosy

EIN PFAD

Ich bete, daß man ihn nicht zum Heiligen macht
nicht malt
nicht mit dem Finger auf ihn zeigt
nicht beschmutzt mit der unvermeidlichen und überflüssigen Biographie

ohne Foto, das ganz naturgetreu und darum unzutreffend ist
ohne Todesanzeige
ohne auf Hochglanz polierten Glauben
sondern, daß er ein Pfad sei schmal wie das Leben
geneigt wie die Ähren
durch die Jesus lief
barfuß und schüchtern

Karin Wolff

81

JAKBY GO NIE BYŁO

Tak w Pana Boga naprawdę uwierzył
że mógł się modlić jakby Go nie było
i widzieć smutek ogromny na polu
pszenicę która nie zakwitła w czerwcu
i same tylko niewierzące dzieci
jakby Pan Jezus nie rodził się zimą
i nawet serce ludziom niepotrzebne
bo krew wariatka gdzie indziej pobiegła

wierzyć — to znaczy nawet się nie pytać
jak długo jeszcze mamy iść po ciemku

ALS WENN ES IHN GAR NICHT GÄBE

So wahrhaftig glaubte er an Gott
daß er beten konnte, als ob es Ihn gar nicht gäbe
die riesenhafte Traurigkeit auf freiem Felde sehn
den Weizen, der im Juni nicht erblüht war
und überall nur Kinder ohne Glaube
als sei der Herr Jesus nicht im Winter auf die Welt gekommen
und selbst das Herz den Menschen nun nicht mehr vonnöten
weil das verrückte Blut anderswohin gelaufen ist —

glauben heißt — sich nicht einmal fragen
wie lange man noch im Dunkeln tappen muß

Karin Wolff

83

TELEFON

Przed chwilą nieznajoma nagle zadzwoniła
podała adres tego co właśnie umierał
więc poszedłem go szukać. Wieczór był zbyt szorstki
chociaż trochę powolny i ciemny jak wrona
szli przy mnie obojętni co się nie dziwili
że sen — ciała ludzi którzy śpią oddziela
choć leżą obok siebie we śnie są daleko
może dlatego bliscy i tacy samotni
tak jakby się bawili jeszcze w chowanego
miłość bierze nam ręce i na krzyżu składa

szli także niewierzący lub inaczej tacy
którzy właśnie w to wierzą w co wierzyć potrzeba
biegła jeszcze dziewczynka co długo krzyczała
na swojego tatusia żeby nie umierał

o wszyscy niewidzialni o nas zatroskani
— i ty telefonie cymbale brzęczący
co masz tylko z nami dostęp do wzruszenia

mówimy wszyscy razem bo wciąż kogoś nie ma

DAS TELEFON

Vor einer Weile rief plötzlich eine Unbekannte an
nannte die Adresse von einem, der gerade starb
also ging ich ihn suchen der Abend war reichlich unwirsch
dafür ziemlich fügsam und wie ein Rabe schwarz
neben mir her gingen die Gleichgültigen, die sich nicht wundern
daß der Schlaf die Körper der Schlafenden trennt:
obschon sie Seite an Seite liegen — im Schlaf sind sie weit fort
(Vielleicht ist das der Grund, weshalb die Nahen und darum so Fernen
quasi Verstecken spielen wie in Kinderzeit?
Die Liebe nimmt uns häufig bei den Händen
und breitet sie in Kreuzform aus.)

Auch Ungläubige gingen an mir vorbei, oder besser: solche
die eben das glauben, was man glauben muß
Außerdem rannte ein Mädchen vorüber, das schrie und schrie:
„Mein Papa soll nicht sterben!"

Von all den Unsichtbaren, die sich um uns Sorgen machen
— auch du, Telefon, klingende Zimbel
das du mit uns Zutritt zur Ergriffenheit hast —

sprechen wir gemeinsam, weil immerwährend jemand nicht mehr ist

Karin Wolff

85

BEZDOMNA

Modlę się do swej świętej wciąż bezdomnej w niebie
co mówi do aniołów nie bardzo się czuję
wolę polne kamienie zwykły żółty jaskier
co kwitnie tak niedługo od kwietnia do maja
tęsknię za starą łyżką i herbatą z mlekiem

a kto w niebie jest smutny ten ziemię zrozumie

EINE HEIMATLOSE

Ich bete zu meiner im Himmel noch immer heimatlosen Heiligen
die zu den Engeln sagt: „Ich fühle mich nicht wohl
ich ziehe Feldsteine vor, gemeinen gelben Hahnenfuß
der so kurz nur blüht: von April bis Mai
und — ich sehne mich nach einem alten Löffel nach einer Tasse Tee
mit Milch..."

Wer aber im Himmel traurig ist, der kann die Erde verstehen

Karin Wolff

Tu Pan Bóg jest na serio pewny i prawdziwy
bo, tutaj wiedzą kiedy kury karmić
jak krowę doić żeby nie kopnęła
jak starannie ustawić drabinkę do siana
jak odróżnić liść klonu od liścia jaworu
tak podobne do siebie lecz różne od spodu
a liści nie zrozumiesz ani nie odmienisz

tu wiedzą że konie stają głowami do środka
że kos boi się bardziej w ogrodzie niż w lesie
że skowronek spłoszony raz jeszcze zaśpiewa
kukułka tutaj żywa a nie nakręcona
pszczoła wciąż się uwija raz w prawo raz w lewo
a mirt rozkwita tylko w zimnym oknie
ptaki też nie od razu wszystkie zasypiają
zresztą mogą się czasem serdecznie pomylić
jak ktoś kto bije żonę by zranić teściową
i wiadomo że sosny niebieskozielone
a dziurawiec to żółte świętojańskie ziele

tu Pan Bóg jest jak Pan Bóg pewny i prawdziwy
tylko dla filozofów garbaty i krzywy

AUF DEM LANDE

Hier ist der Herr im Ernst noch sicher und wahrhaftig
weil man hier weiß, wann man die Hühner füttert
und wie man Kühe melkt, daß sie nicht treten
weiß, wie sorgsam man die Leiter an den Schober stellt
wie man die Blätter der verschiedenen Ahornarten unterscheidet
die sich so ähnlich sind — verschieden nur an ihrer Unterseite
— die Blätter aber wirst du nie verstehen und nicht ändern —

hier weiß man, daß Perlhühner nackte Köpfchen haben
daß Amseln im Garten scheuer als im Walde sind
daß aufgeschreckte Lerchen einmal noch ihr Lied anstimmen
der Kuckuck ist hier lebendig und nicht aufgezogen
die Biene fliegt im Kreis — bald rechts-, bald linksherum
und die Myrthe stellt man nur ins kalte Fenster
die Vögel schlafen auch nicht alle sofort ein
übrigens können sie sich manchmal herzhaft irren
wie einer, der die Frau schlägt, um die Schwiegermutter zu verletzen —
und man weiß hier auch, daß Kiefern blaugrün sind
und Hartheu — das ist das gelbe Johanniskraut

Hier ist der Herrgott als Herrgott noch sicher und wahrhaftig
nur für die Philosophen ist er schief und krumm

Karin Wolff

DAJ NAM UBÓSTWO

Daj nam ubóstwo lecz nie wyrzeczenie
radość że można mieć niewiele rzeczy
i że pieniądze mogą być jak świnie

i daj nam czystość co nie jest ascezą
tylko miłością — (tak jak życie całe)

i posłuszeństwo co nie jest przymusem
ale spokojem gwiazd (co też nie wiedzą)
— czemu nad nami chodzą wciąż po ciemku —

i daj nam sen zdrowy, świąteczny apetyt
wiarę bez nerwów to jest bez pośpiechu
a zimą jeszcze matkę mi przypomnij
w ubogim czystym i posłusznym śniegu

ARMUT

nut, doch keine Entsagung
ı haben darf nicht viele Dinge
Mäuse" unser Geld nennen können

ıs Reinheit, die keine Askese
be ist — wie das ganze Leben

ıcn Gehorsam, der nicht ist erzwungen
ımehr Frieden der Sterne, die gleichfalls nicht wissen
weshalb sie über uns kreisen — allzeit im Dunkel

Und laß uns gut schlafen, mit Freuden essen
schenk Glauben ohne Streß, das heißt: ohne Hasten
laß winters mich noch an die Mutter denken —
im armen und reinen und duldsamen Schnee

Karin Wolff

W KOLEJCE DO NIEBA

Powoli nie tak prędko
proszę się nie pchać
najpierw trzeba wyglądać na świętego ale nim nie być
potem ani świętym nie być ani na świętego nie wyglądać
potem być świętym tak żeby tego wcale nie było widać
i dopiero na samym końcu
święty staje się podobny do świętego

ANSTEHEN ZUM HIMMEL

Langsam, nicht so schnell
bitte nicht drängeln
zuerst muß man aussehen wie ein Heiliger aber keiner sein
dann — kein Heiliger sein und auch nicht wie ein Heiliger aussehen
hierauf — ein Heiliger sein, doch so, daß man es überhaupt nicht sieht
Und erst ganz zum Schluß
wird der Heilige einem Heiligen ähnlich

Karin Wolff

TO NIEPRAWDA ŻE SZCZĘŚCIE

Ile buków opadło
ile szpaków się zbiegło
zimą łączył nas śnieg

potem wrzos optymista
bo zakwita ostatni
gotów był dać nam ślub

to nieprawda że szczęście
najmocniejsze i pierwsze
jak król

Niewidzialny się zjawił
krzyż ogromny ustawił
między tobą a mną

ES IST TRUG, DASS DIE WONNE

Wieviel Buchen gefallen
wieviel Stare entflohen
winters verband uns Schnee

Die optimistische Heide
die als letzte erblühte
war bereit, uns zu trau'n

Es ist Trug, daß die Wonne
diese stärkste und erste
herrscht wie ein Herr

Der Verborgene wird sichtbar
stellt ein Kreuz allgewaltig
zwischen mir auf und dir

Karin Wolff

95

JAK SIĘ NAZYWA

Jak się nazywa to nie nazwane
jak się nazywa to co uderzyło
ten smutek co nie łączy a rozdziela
przyjaźń lub inaczej miłość niemożliwa
to co biegnie naprzeciw a było rozstaniem
wciąż najważniejsze co przechodzi mimo
przykrość byle jaka jak chłodny skurcz w piersi
ta straszna pustka co graniczy z Bogiem

to że jeśli nie wiesz dokąd iść
sama cię droga poprowadzi

UNGENANNT

Wie nennt man das, was unerkannt
wie nennt man das, was wehgetan?
Die Trauer, die nicht bindet, sondern trennt
die Freundschaft als Vertreterin der unerfüllten Liebe
das, was entgegenkam und dabei Trennung war
was immer wichtig bleibt, obschon's vorübergeht
ein x-beliebiger Verdruß wie eisiges Krampfen in der Brust
diese schreckliche Leere, die an Gott angrenzt

das was dich von selbst den Weg führt
wenn du gar nicht weißt, wohin

Karin Wolff

97

TAK LUDZKA

Jadwidze Marlewskiej

Nie wierzą świętej Annie wszyscy ważni święci
że znała Matkę Bożą w sukience do kolan
z dowcipnym warkoczykiem i wesołą grzywką
w sandałach z rzemykami co były niepewne
czy może się poplątać to co nieśmiertelne
biegającą jak wróbel polski po podwórku
zerkającą do studni orzechowym okiem
jak spada całe niebo bez bliższych wyjaśnień
umiejącą odróżnić jak pszczołę najprościej
zwykłe dobro na co dzień od doskonałości
bo zawsze są prawdziwe rzeczy mniej ogólne
poznającą zapachy i uparte smaki
jak słodki kwaśny słony i najczęściej gorzki
zwłaszcza gdy pies wprost z budy nie archanioł dziwny
demonstrował ogonem liryzm prymitywny

O córko świętej Anny z najżywszych obrazów
tak ludzka że nie byłaś dorosłą od razu

SO MENSCHLICH

Für Jadwiga Marlewska

Sie glauben nicht der heiligen Anna all die wichtigen Heiligen
daß sie die Gottesmutter gekannt hat im kniefreien Kleidchen
mit drolligem Zöpfchen und lustigem Pony
in Sandalen mit Riemchen, die nicht sehr fest saßen
(ob sich verheddern kann, was unsterblich ist?)
über den Hof hüpfend wie ein polnischer Sperling:
aus nußbraunen Augen ein Blick in den Brunnen
in den sich der Himmel ohne Erklärung hinabstürzt —
wie die Biene verständig, ganz leicht zu unterscheiden
schlicht Gutes für alltags von dem Vollkommenen
weil die wesentlichen Dinge nie so allgemein sind —
wie sie Bekanntschaft schloß mit den Gerüchen und hartnäckigen
                                                    Geschmäcken:
süß, sauer und salzig und am häufigsten bitter
zumal wenn ein Hund geradewegs aus der Hütte
und kein wundersamer Erzengel
mit seinem Schweif naiv lyrische Stimmung öffentlich kundtat

O Tochter der heiligen Anna von den allerlebendigsten Bildern
so menschlich bist Du, daß Du auch einmal ein Kind warst!

Karin Wolff

NIEOBECNY JEST

Bóg jest tak wielki że jest i Go nie ma
tak wszechmogący że potrafi nie być
więc nieobecność Jego też się zdarza
stąd czasem ciemno i serce się tłucze
poskomli nawet jak pies niecierpliwy

nawet wierzący nie wierzą po cichu
i chcą się żartem wymknąć ze wzruszenia
choć tak niedawno wierzyli na pamięć
że całe życie czeka się na chwilę

lecz Bóg tak wielki że Go czasem nie ma
mózg jak tulipan chyli się zmęczony
i myśli biegną wspólną pustą drogą
tak jak biedronki co się razem schodzą
by przed rozpaczą ukryć się na zimę
tylko milczenie trwa i gwiazdy w górze
i księżyc sprawiedliwy bo zupełnie nagi
a ważki tak znikome że już wszystko wiedzą
i liść ostatni brzęczy wprost z topoli
że Nieobecny jest
bo więcej boli

ABWESEND

Gott ist so groß, daß er *ist* und *nicht* ist
so allmächtig, daß er auch nicht sein kann
also — auch seine *Abwesenheit* kommt vor
von daher bisweilen das Dunkel, und das Herz flattert
winselt sogar wie ein ungeduldiger Hund —

selbst die Gläubigen glauben nicht nur leise
und möchten gern mit einem Scherzen der Rührung entgeh'n
obwohl sie unlängst noch auswendig glaubten
das ganze Leben warte man auf einen Augenblick —

aber Gott ist so groß, daß er mitunter nicht da ist
das Hirn neigt sich ermattet wie eine Tulpe
und die Gedanken laufen gemeinsam ihre leere Bahn
wie Marienkäfer, die zusammenkommen,
um sich zum Winter vor dem Verzweifeln zu verbergen —
nur das Schweigen dauert und die Sterne hoch oben
und der Mond — gerecht, weil völlig nackt und bloß
auch die Eintagsfliegen, die so vergänglich sind, daß sie schon alles wissen
Und das letzte Blatt raschelt's geradewegs von der Pappel herab:
daß er abwesend ist —
weil das mehr wehtut

Karin Wolff

DZIECIŃSTWO WIARY

Moja święta wiaro z klasy 3b
z coraz dalej i bliżej
kiedy w kościele było tak cicho że ciemno
a w domu wciąż to samo więc inaczej
kiedy święty Antoni ostrzyżony i zawsze z grzywką
odnajdywał zagubione klucze
a Matka Boska była lepsza bo przedwojenna
kiedy nie miała pretensji do nikogo nawet zmokła kawka
a miłość była tak czysta że karmiła Boga
wielka i dlatego możliwa
kiedy martwiłem się żeby Pan Jezus nie zachorował boby się komunia
nie udała
kiedy rysowałem diabła bez rogów — bo samiczka
proszę ciebie moja wiaro malutka
powiedz swojej starszej siostrze — wierze dorosłej
żeby nie tłumaczyła
— dopiero wtedy można naprawdę uwierzyć
kiedy się to wszystko zawali

KINDHEIT DES GLAUBENS

Mein heiliger Glaube aus Klasse 3b
immer ferner mir und näher
als es in der Kirche still, weil dunkel
und zu Hause immerfort dasselbe Einerlei, also anders war
als der heilige Antonius, geschoren, dabei stets mit Haarschopf
verlorene Schlüssel wiederfand
und die Muttergottes besser war, weil aus der Vorkriegszeit
als nicht einmal eine pudelnasse Dohle gegen jemand Groll empfand
und die Liebe so rein war, daß sie den Herrgott nährte
groß und daher möglich
als ich mir dauernd Sorgen machte, daß der Herr Jesus ja nicht krank wird
                              weil sonst die Kommunion mißlingt
als ich den Teufel ohne Hörner malte: ein Teufelweibchen —
ich bitte dich, mein winzig kleiner Glaube
sag deinem älteren Bruder, dem erwachsenen Glauben
er soll mir nichts erklären:
Man kann erst dann wahrhaftig glauben
wenn all das zusammenfällt

Karin Wolff

SZUKAŁEM

Szukałem Boga w książkach
przez cud niedomówienia o samym sobie
przez cnoty gorące i zimne
w ciemnym oknie gdzie księżyc udaje niewinnego
a tylu pożenił głuptasów
w znajomy sposób
w ogrodzie gdzie chodził gawron czyli gapa
w polu gdzie w lipcu zboże twardnieje i żółknie
przez protekcję ascety który nie jadł
więc się modlił tylko przed zmartwieniem i po zmartwieniu
w kościele kiedy nikogo nie było

i nagle przyszedł nieoczekiwany
jak żurawiny po pierwszym mrozie
z sercem pomiędzy jedną ręką a drugą

i powiedział
dlaczego mnie szukasz
na mnie trzeba czasem poczekać

SUCHE

Ich habe Gott in den Büchern gesucht
durch das Wunder des Nichtredens von mir selbst
durch Tugenden heiß und kalt
im dunklen Fenster, wo der Mond unschuldig scheint
doch hinterrücks die Einfältigen vermählt
auf die altbekannte Weise
im Garten, wo einer Maulaffen feilhält
durch Protektion eines Asketen, der nichts aß
also nur vor der Betrübnis und nach der Betrübnis betete
in der Kirche, wenn sie menschenleer war —

und plötzlich kam Er unerwartet
wie die Moosbeere nach dem ersten Frost
das Herz in den Händen

und sprach:
„Warum suchst du mich?
Auf mich muß man bisweilen warten."

Karin Wolff

ŚWIAT

Bóg się ukrył dlatego by świat było widać
gdyby się ukazał to sam byłby tylko
kto by śmiał przy nim zauważyć mrówkę
piękną złą osę zabieganą w kółko
zielonego kaczora z żółtymi nogami
czajkę składającą cztery jajka na krzyż
kuliste oczy ważki i fasolę w strąkach
matkę naszą przy stole która tak niedawno
za długie śmieszne ucho podnosiła kubek
jodłę co nie zrzuca szyszki tylko łuski
cierpienie i rozkosz oba źródła wiedzy
tajemnice nie mniejsze ale zawsze różne
kamienie co podróżnym wskazują kierunek

miłość której nie widać
nie zasłania sobą

DIE WELT

Gott hat sich verborgen, damit man die Welt sieht
würde er sich zeigen, gäbe es nichts anderes als ihn —
wer würde es wagen, neben ihm eine Ameise zu bemerken
die schöne böse Wespe, die sich emsig tummelt
den grünen Erpel mit den gelben Beinen
den Kiebitz, der seine vier Eier in Kreuzform legt
die Kugelaugen der Libelle, die grünen Bohnen
oder unsere Mutter, die bei Tisch vor kurzem noch
den Henkeltopf am drollig langen Ohr hochhob
die Tanne, die keine Zapfen, sondern Schuppen abwirft
Leiden und Lust — beide Quellen des Wissens
Geheimnisse, die nicht groß oder klein, aber immer unterschiedlich sind
die Steine, die dem Wanderer die Richtung weisen

die unsichtbare Liebe —
Er verdeckt nichts

Karin Wolff

CZAS NIEDOKOŃCZONY

Nie opowiadajcie razem i osobno
że nie ma ludzi niezastąpionych
bo przecież moja matka
łagodna i nieubłagana
cała w czasie teraźniejszym niedokończonym
wychyla się z nieba
żeby mi przyszyć oberwany guzik
kto to lepiej potrafi
w czyich palcach drży igła jak drucik ciepła
gdy tyle dzisiaj uczuć a mało miłości
i tyle cudzych kobiet a żadna nie moja
a śmierć tak bardzo ważna bo się nie powtórzy
i smutek jak sprzed wojny ostatnia choinka

a przecież ta babcia z przeciwka
przy stoliku na kółkach
z pasjansem co nie wychodzi
tak bardzo szybko żyła umarła pomału
a czasami tak skryta że płakała w wannie

lub ta co z sercem przyszła wojna ją zabiła
razem z jasną torebką do letniej sukienki
kto przywróci jej ciało kiedy nie ma ciała
jej nos na mnie skrzywiony
i kogutek włosów

IMPERFECTUM

Sprecht nicht im Chor und auch nicht solo
daß kein Mensch unersetzlich ist
denn schließlich beugt sich meine Mutter
sanft und unerbittlich
ganz in der unvollendeten Gegenwart
aus dem Himmel herab
um mir ein abgerissenes Knöpfchen anzunähen
wer kann das besser
in wessen Fingern zittert die Nadel wie ein Glühfädchen
wo es heute so viel Gefühl gibt, dafür nur wenig Liebe
und so viel fremde Frauen, aber keine ist meine —
und der Tod ist furchtbar wichtig, weil er sich nicht wiederholt
die Trauer aber gleicht dem letzten Vorkriegsweihnachtsbaum —

trotzdem: die alte Frau von gegenüber
an ihrem Tischchen auf Rädern
mit einer Patience, die nicht aufgeht —
so schnell sie gelebt hat, gestorben ist sie ganz sachte
und manchmal so heimlich, daß sie in der Wanne weinte —

oder sie, die mit dem Herzen kam: der Krieg hat sie erschlagen
mitsamt der hellen Tasche zum leichten Sommerkleidchen —
wer bringt ihren Körper zurück, wo kein Körper mehr da ist
ihre Nase, die sich spöttisch krauste
und die widerspenstige Locke

Karin Wolff

PRZYCHODZĄ SAME

Spotkania co przychodzą same
tak poza nami że już się nie dziwisz
że będzie dalej jak miało być wszystko
bo Bóg był przedtem zanim szliśmy razem
i można wracać po nitce do kłębka
aż do rodziców co też się spotkali
najpewniej po raz pierwszy nic nie wiedząc o tym
że śmierć nie będzie ważna tak jak to spotkanie
choć mogli wtedy zabawnie wyglądać
bo wiatr zrywał matce kapelusz słomkowy
jakby chciał przed małżeństwem jak kogut uciekać
w wieczór co się zapomniał i stał się zielony
radością najbardziej można się przestraszyć

spotkania co przychodzą same
tak dokładnie konieczne że zupełnie czyste
wie o tym serce jak skrzydło niezgrabne
w życiu co bez śmierci byłoby banałem

żeby odejść od siebie też trzeba się spotkać

BEGEGNUNGEN

Begegnungen, die von selber kommen
so außer uns, daß uns nicht mehr erstaunt
wenn alles weiter sein wird, als es sein sollte
weil Gott schon da war, ehe wir zusammen gingen
und Liebe länger währen soll als die Begehrlichkeit
Doch kann man auch durch Rückschluß zu der Wahrheit finden
— bis zu den Eltern, die sich ebenfalls einst trafen
das erste Mal ganz sicher ohne eine Ahnung
daß der Tod nie gleich bedeutsam sein wird wie ihr Begegnen
obschon sie damals komisch ausgesehen haben mochten
weil Mutters Sommerhut davonzufliegen drohte
als wenn er vor der Ehe fliehen wollte wie ein Gockel
in einen Abend, der seine Besonnenheit verloren
und grün und blau geworden war
— durch Freude kann man sich am heftigsten erschrecken

Begegnungen, die von selber kommen
so absolut notwendig und darum völlig rein
wie ein ungelenker Flügel weiß darum das Herz
in einem Leben, das ohne den Tod
nur eine Abgeschmacktheit wäre

Auch um sich zu verlassen, muß man sich zuerst begegnen

Karin Wolff

III

MRÓWKO WAŻKO BIEDRONKO

Mrówko co nie urosłaś w czasie wieków
ćmo od lampy do lampy
na przełaj i najprościej
świetliku mrugający nieznany i nieobcy
koniku polny
ważko nieważka
wesoło obojętna
biedronko nad którą zamyśliłby się
nawet papież z policzkiem na ręku

człapię po świecie jak ciężki słoń
tak duży że nic nie rozumiem
myślę jak uklęknąć
i nie zadrzeć nosa do góry

a życie nasze jednakowo
niespokojne i malutkie

AMEISE LIBELLE MARIENKÄFER

Ameise, die du nicht groß wirst in Jahrhundertfrist
Nachtfalter von Lampe zu Lampe
querfeldein und geradewegs
Glühwürmchen, namenlos, aber nicht unbekannt
Heuschrecke
Libelle, schwerelos
gleichgültig fröhliche
Marienkäfer, über den sogar ein Papst sinnieren könnte
die Wange in die Hand gestützt

ich schlurfe wie ein schwerer Elefant durch die Welt
so groß, daß ich gar nichts begreife
ich überlege, wie man hinknien soll
ohne die Nase in die Luft zu recken

und dennoch ist unser Leben das gleiche:
unruhig und winzig

Karin Wolff

113

RATUNKU

Eugeniuszowi Zielińskiemu

Dziki króliku chrząszczu mały
co świecisz jak czerwony brokat
wiosenne czajki czarno-białe
ślimaku lekko ozłocony
wierny granicie zielonkawy
dębie surowy i niewinny
droździe niezgodny i słowiku
co podpowiadasz całą miłość
od pocałunku do pobicia
polny kamieniu przemęczony
głosie oboju trochę suchy
i fletu — niski ale lekki
zapachu szałwii dobrodziejki
niby nieśmiały a gorliwy
i polski śniegu przedwojenny
tak podeptany że już czysty
wszystkie też wiązu liście krzywe
jak niegenialnych ludzi dramat
i po kolei pańscy święci
niepopularni więc prawdziwi
ratujcie mnie przed abstrakcjami

ZU HILFE

Für Eugeniusz Zieliński

Wildkaninchen, kleiner Käfer
der du leuchtest wie roter Brokat
Kiebitze im Frühling, schwarzweiß gefiedert
Schnecke — leicht vergoldet
treu dem Granit, dem grünlich schimmernden
strenge Eiche, voller Unschuld
zänkische Drossel, und du, Nachtigall
die du die ganze Liebe soufflierst
vom Kuß bis zur Mißhandlung
Feldstein — abgeplackt und überanstrengt
Oboenton — etwas zu trocken
und Flötensang, der tief, doch leise klingt
Geruch des Salbeis, unseres Wohltäters
schüchtern zwar, doch äußerst eifrig
und du, polnischer Schnee aus der Vorkriegszeit
so mit Füßen traktiert, daher längst ohne Makel
auch der Rüster schiefe Blätter
— gleich dem Drama unbegabter Menschen —
und ihr Heiligen des Herrn
die ihr unbeliebt seid und darum wahrhaftig:
Rettet mich vor Abstraktionen

Karin Wolff

ŻAL

Zofii Małynicz

Żal że się za mało kochało
że się myślało o sobie
że się już nie zdążyło
że było za późno

choćby się teraz pobiegło
w przedpokoju szurało
niosło serce osobne
w telefonie szukało
słuchem szerszym od słowa

choćby się spokorniało
głupią minę stroiło
jak lew na muszce

choćby się chciało ostrzec
że pogoda niestała
bo tęcza zbyt czerwona
a sól zwilgotniała

choćby się chciało pomóc
własną gębą podmuchać
w rosół za słony

wszystko już potem za mało
choćby się łzy wypłakało
nagie niepewne

BEDAUERN

Für Zofia Małynicz

Bedauern, daß man zu wenig geliebt
daß man an sich gedacht
daß man es nicht mehr geschafft hat
daß es zu spät war

auch wenn man sich jetzt beeilte
im Korridor Krakeel anfinge
sein Herz auf dem Tablett servierte
im Telefon nachsuchte
mit einem Gehör — ehrlicher als ein Wort

auch wenn man den Nacken beugte
alberne Gesichter schnitte
wie ein Löwe im Visier

auch wenn man nun warnen wollte
daß das Wetter sich nicht hält
weil der Regenbogen allzu rot
und das Salz schon feucht geworden ist

auch wenn man mit dem eignen Schnabel
blasen helfen wollte
in die grob versalzne Brühe —

alles ist danach zu wenig
selbst wenn man viel Tränen weinte
nackte ungewisse Tränen

Karin Wolff

PYTANIA

Gdzie się prawda zaczyna a gdzie rozum kończy
gdzie miłość między nami a gdzie już cierpienie
czy łza czy na nosie ciepło zimnej wody
dokąd razem idziemy by umrzeć osobno
czy słowo jeszcze słowem czy nagle milczeniem
czy ciało wciąż oddala czy tylko zasłania
w którym miejscu odchodzi Pan Bóg oficjalny
i nie patrzy w przepisy bo już jest prawdziwy

O święty krzyżu pytań jak niewiele ważysz
gdy małe głupie szczęście liże nas po twarzy

FRAGEN

Wo nimmt Wahrheit den Anfang und wo endet Verstehen?
Wo ist Liebe zwischen uns und wo bereits Leiden?
War das eine Träne oder kondensiertes Wasser?
Wohin geh'n wir gemeinsam, um vereinsamt zu sterben?
Waren Worte noch Worte oder urplötzlich Schweigen?
Ob der Körper entfernt? Oder ist er bloß Tarnung?
An welcher Stelle verschwindet der amtliche Herrgott
und schaut nicht in die Vorschrift, weil nunmehr wahrhaftig?

O heiliges Kreuz der Fragen, wie leicht ist dein Gewicht
wenn ein kleines dummes Glück uns abschleckt das Gesicht!

Karin Wolff

BEZDZIETNY ANIOŁ

Właśnie wtedy kiedy pomyślałeś
że papugi żyją dłużej
że jesteś okrutnie mały
niepotrzebny jak kominek na niby
w stołowym pokoju
jak bezdzietny anioł
lekki jak 20 groszy reszty
drugorzędnie genialny
kiedy obłożyłeś się książkami
jak człowiek chory
nie wierząc w to że z niewiary
powstaje nowa wiara
że ci co odeszli jeszcze raz cię
porzucą
święty i pełen pomyłek

właśnie wtedy wybrał ciebie ktoś
większy niż ty sam
który stworzył świat tak dobry
że niedoskonały
i ciebie tak niedoskonałego
że dobrego

WIE EIN KINDERLOSER ENGEL

Gerade damals, als du dachtest
daß Papageien länger leben
daß du furchtbar klein bist
überflüssig wie ein künstlicher Kamin
im Speisezimmer
wie ein kinderloser Engel
federleicht wie 20 Groschen Rest
zweitklassig genial —
als du dich mit Büchern umgabst
wie ein Kranker
der nicht glaubt, daß aus dem Unglauben
neuer Glaube wächst
daß die Fortgegangenen dich nochmals verlassen —
heilig und voll Mißverständnis

hat dich eben damals wer erwählt
einer — größer als du selbst
der die Welt erschaffen hat, so gut
daß sie unvollkommen ist
und dich so unvollkommen
daß du gut bist

Karin Wolff

ŚPIESZMY SIĘ

Annie Kamieńskiej

Śpieszmy się kochać ludzi tak szybko odchodzą
zostaną po nich buty i telefon głuchy
tylko to co nieważne jak krowa się wlecze
najważniejsze tak prędkie że nagle się staje
potem cisza normalna więc całkiem nieznośna
jak czystość urodzona najprościej z rozpaczy
kiedy myślimy o kimś zostając bez niego

Nie bądź pewny że czas masz bo pewność niepewna
zabiera nam wrażliwość tak jak każde szczęście
przychodzi jednocześnie jak patos i humor
jak dwie namiętności wciąż słabsze od jednej
tak szybko stąd odchodzą jak drozd milkną w lipcu
jak dźwięk trochę niezgrabny lub jak suchy ukłon
żeby widzieć naprawdę zamykają oczy
chociaż większym ryzykiem rodzić się niż umrzeć
kochamy wciąż za mało i stale za późno

Nie pisz o tym zbyt często lecz pisz raz na zawsze
a będziesz tak jak delfin łagodny i mocny

Śpieszmy się kochać ludzi tak szybko odchodzą
i ci co nie odchodzą nie zawsze powrócą
i nigdy nie wiadomo mówiąc o miłości
czy pierwsza jest ostatnią czy ostatnia pierwszą

BEEILEN WIR UNS

Für Anna Kamieńska

Beeilen wir uns die menschen zu lieben sie gehn so schnell
von ihnen bleiben schuhe und ein taubes telefon
nur was unwichtig ist schleppt sich wie eine kuh
das wichtigste ist so hastig daß es plötzlich geschieht
danach stille gewöhnlich also schier unerträglich
wie die reinheit schlichtestes kind der verzweiflung
wenn wir an jemanden denken und ohne ihn bleiben   /

Sei nicht sicher daß du zeit hast denn unsichere sicherheit
nimmt uns das gespür so wie jedes glück
gleichzeitig kommt wie pathos und humor
wie zwei leidenschaften immer schwächer sind als die eine
sie gehn so schnell von hier schweigen wie die drossel im juli
wie ein etwas ungestalter ton oder ein trockener gruß
um wirklich zu wissen schließen sie die augen
obwohl es riskanter ist geboren zu werden als zu sterben
lieben wir immer aufs neue zu wenig und ständig zu spät

Schreib nicht zu oft davon schreib ein für allemal
und du wirst sein wie ein delphin sanft und stark

Beeilen wir uns die menschen zu lieben sie gehn so schnell
und die die nicht gehn kommen nicht immer zurück
und nie ist es klar wenn man von liebe spricht
ist es die erste die letzte die letzte erste

Ursula Kiermeier

123

ROZMOWA Z MATKĄ BOŻĄ

Czy lubisz podbiał żółty
lipce z koźlakami
konwalie w kłączach stulone pod ziemią
lubczyk co miłość przywraca a częściej nadzieję
księżyc chodzący za nami jak cielę
ceremonialny lecz bez rękawiczek
poziomki te najniższe kminek najpodlejszy
i lato półniebieskie gdy kwitną ostróżki
co przyjdą jak leniwa mądrość od niechcenia
żołędzie co się dłużą w październiku
zwykły chleb co wie zawsze ile bólu w hostii
kota niewiernego ale z zasadami
bo najpierw myje prawą nogę przednią

Ale Ty Matko nie myślisz źle o nas
zawsze tych co się potkną gotowa obronić
między prawdą a szczęściem najłatwiej nos rozbić
pragniesz spraw ostatecznych wybierasz najbliższe
i szukasz pewnie jednej mrówki w lesie
tak bardzo spracowanej jakby miała umrzeć
najzabawniej jak człowiek
wśród wszystkich osobno

GESPRÄCH MIT DER MUTTERGOTTES

Magst Du den gelben Huflattich
den Monat Juli mit den Birkenpilzen
Maiglöckchen in Büscheln, die sich an die Erde schmiegen
den Liebstöckel, der die Liebe zurückbringt, doch mehr noch
die Hoffnung
den Mond, der uns nachläuft wie ein Kälbchen —
zeremoniös, wenn auch ohne Handschuh —
die winzigen Walderdbeeren, den gemeinen Kümmel
und den fahlblauen Sommer, wenn der Rittersporn blüht
der wie die träge Weisheit von der Abneigung kommt —
die Eicheln, die im Oktober an Länge gewinnen
das einfache Brot, das immer weiß, wieviel Schmerz ist in der Hostie
den Kater — treulos, aber mit Prinzipien
(denn stets putzt er zuerst die rechte Vorderpfote)

Aber Du, Mutter, denkst nicht schlecht von uns
immer bist Du bereit, den strauchelnden aufzufangen
zwischen Wahrheit und Glück fällt man am leichtesten auf die Nase —
Du verlangst die Letzten Dinge und suchst die ersten besten aus
und bestimmt hältst Du im Wald nach der einen Ameise Ausschau
die vor Erschöpfung fast dem Tode nahe ist —
dem kuriosen Menschentod:
allein für sich inmitten aller anderen

Karin Wolff

DO PANI DOKTOR

Blance Mamont

Pani Doktor
w białym fartuchu
w podkolankach co odmładzają
przynoszę Pani serce do naprawy
Bogu poświęcone
a takie serdecznie niezgrabne
jak nie wyczesany do końca wróbel
niezupełne bo pojedyncze
nie do pary
biedakom do wynajęcia
od zaraz i na zawsze
niemożliwe i konieczne
niewierzących irytujące
zdaniem kobiet zmarnowane
dla Anioła Stróża za ludzkie
dla świętych podejrzane
dla rządu niepewne
dla teologów nieprzepisowe
dla medyków nieznośnie normalne
dla pozostałych żadne

podłóż je do szpitala
i nawymyślaj
żeby się choć trochę poprawiło

AN DIE FRAU DOKTOR

Für Blanka Mamont

Liebe Frau Doktor
im weißen Kittel
und in weißen Söckchen, die verjüngen
ich bringe Ihnen ein Herz zur Reparatur
das Gott geweiht ist
und so herzlich unbeholfen
wie ein strubbeliger Spatz
unvollständig, weil alleine
ungefügt
an die Armen zu vermieten
auf der Stelle und für immer
unerträglich, unentbehrlich
für die Ungläubigen irritierend
nach Meinung der Frauen vergeudet
für den Schutzengel zu menschlich
für die Heiligen verdächtig
für die Regierung zügellos
für die Theologen vorschriftswidrig
für die Mediziner fürchterlich normal
für die übrigen gleich Null

legen Sie es ins Spital
und schimpfen Sie es aus
damit es wenigstens ein bißchen besser wird

Karin Wolff

NIE TAK NIE TAK

Moja dusza mi nie wierzy
moje serce ma co do mnie wątpliwości
mój rozum mnie nie słucha
moje zdrowie ucieka
moja młodość umarła
moje fotografie rodzinne nie żyją
mój kraj jest już inny
nawet piekło zmyliło bo zimne

nakryłem się cały żeby mnie nie było widać
ale łza wybiegła
i rozebrała się do naga

SO NICHT SO NICHT

Meine Seele glaubt mir nicht
mein Herz hegt an mir Zweifel
mein Verstand gehorcht mir nicht
meine Gesundheit schwindet dahin
meine Jugend ist gestorben
meine Familienfotos sind tot
mein Land hat sich verändert
selbst die Hölle irritierend kalt

ich habe mich ganz zugedeckt daß keiner mich sieht
aber eine Träne lief heraus
und entblößte sich ganz

Rudolf Bohren

WIECZNOŚĆ

Mieczysławowi Milbrandtowi

Wciąż wieczność była z nami
a nam się zdawało
że wszystko jest nietrwałe więc trochę na niby
jak zając nie chroniony lub trzmiel na ostróżkach
że ciemność kapie z zegarka jak z rany
że czas zmarnowany stale i za krótki
każdą miłość zamienia na łzy bardzo drobne
że dawni zakochani już się nie całują
bo list najpierw przybliża a potem oddala
dopóki będzie poczta ze skrzynką czerwoną
i panny złe nieznośne a dobre za nudne
i słów wszystkich za wiele bo brakuje słowa

Wciąż wieczność była z nami
a nam się zdawało
że czas wszystko wymiecie mądry i niechętny
że tylko nie odleci sójka zbyt ostrożna
bo po to żeby cierpieć trzeba być bezbronnym
jak dzieciństwo na wsi z królikiem przy sercu

Patrz — mówiłeś — tak wszystko na oczach się zmienia
jak pasikonik za szybko zielony
więc możemy nie poznać nawet swego domu
połóż chociaż nożyczki na tym samym miejscu
naparstka po mamusi nie oddaj nikomu
i trzymaj fotografie bo Pan Bóg je zdmuchnie
zwłaszcza kiedy podbiał zamyka się na noc
a pszczoła sprawy ważne powiadamia tańcem
i każda chwila już nie teraźniejsza
stale przeszła lub przyszła
ostatnia i pierwsza

Wciąż wieczność była z nami
a nam się zdawało

EWIGKEIT

Für Mieczysław Milbrandt

Immer war die Ewigkeit mit uns
doch uns — uns schien es
daß alles unbeständig und folglich illusorisch ist
wie ein ungeschützter Hase oder eine Hummel auf dem Rittersporn
daß Finsternis aus allen Uhren träufelt wie aus einer Wunde
daß die Zeit stets vergeudet und immer zu kurz ist:
jede Liebe verwandelt sie in winzige Tränen —
daß die einstmals Verliebten sich schon nicht mehr küssen
denn erst bringt ein Brief näher und später entfernt er
— solange es die Post gibt mit ihren roten Kästen
böse launische junge Damen, dafür die guten leider zu fade
und aller Worte zuviel, weil es an Worten gebricht —

Immer war die Ewigkeit mit uns
doch uns — uns schien es
daß die Zeit alles fortkehrt — weise und lustlos
daß nur der viel zu sehr wachsame Häher nicht auffliegt
weil man schutzlos sein muß, um wirklich zu leiden
wie eine Kindheit auf dem Lande mit dem Kaninchen am Herzen —

„Schau", hast du gesagt, „so wandelt sich alles vor unseren Augen"
wie das Heupferd, das viel zu schnell seine Farbe gewechselt —
und so kommt es vor, daß wir unser Haus nicht erkennen:
leg wenigstens die Schere an ihre alte Stelle zurück
und verschenke nicht Mutters Fingerhut
halt auch die Fotos fest, weil Gott sie fortbläst
besonders wenn der Huflattich die Blüten zur Nacht schließt
und die Biene alles Wichtige mit Tanzen ankündigt
und jede Minute schon nicht mehr von jetzt ist:
ständig vergangen oder noch in der Zukunft
letzte und erste —

Immer war die Ewigkeit mit uns
doch uns, uns schien es

Karin Wolff

RAZEM

Nadzieja i rozpacz
radość i ból
niewiara i wiara
czas coraz szybszy
trwanie jak ciemność
to za daleko
i już niedługo
dom pełen bliskich
i bez nikogo
człowiek co szuka
anioł co nie wie

tak jak dwa jeże sobą zdziwione
szukają razem miejsca dla siebie

GEMEINSAM

Hoffnung und Verzweiflung
Freude und Schmerz
Unglaube und Glaube
Zeit immer schneller
Dauer wie Dunkel
all das zu weit
und schon bald
das Haus voller Nächster
und niemand da
ein Mensch der sucht
ein Engel der nicht weiß

so wie zwei sich anstaunende Igel
gemeinsam einen Platz für sich suchen

Rudolf Bohren

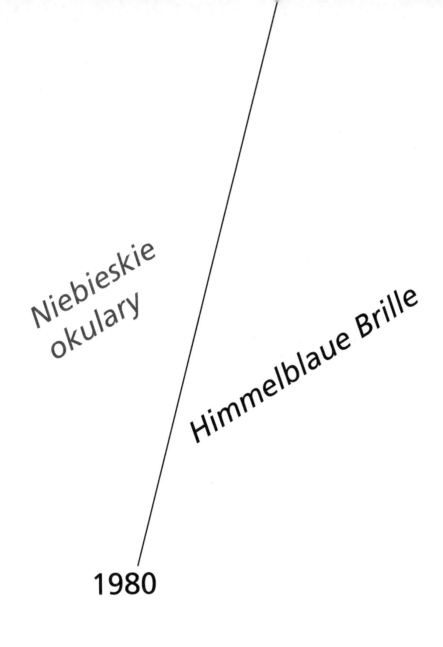

Niebieskie okulary

Himmelblaue Brille

1980

PRZECIW SOBIE

Pomódl się o to czego nie chcesz wcale
czego się boisz jak wiewiórka deszczu
przed czym uciekasz jak gęś coraz dalej
przed czym drżysz jak w jesionce bez podpinki zimą
przed czym się bronisz obiema szczękami

zacznij się wreszcie modlić przeciw sobie
o to największe co przychodzi samo

GEGEN DICH SELBST

Bete doch einmal um was das du gar nicht willst
wovor du bangst wie Eichkatzen vor dem Regen
wovor du flüchtest wie eine Gans ins weite
wovor es dich fröstelt wie winters im Sommermantel
wovor du dich wehrst mit dem Zähnen beider Kiefer

beginne endlich zu beten gegen dich selbst
um das Allergrößte das von alleine kommt

Karl Dedecius

WNIEBOWZIĘCIE

Nikt nie biegł do Ciebie z lekarstwem po schodach
lampy nie przymrużono żeby nie raziła
nikt nie widział jak ręka Twa od łokcia blednie
pies nie płakał serdecznie że pani umiera
nawet anioł zaniechał nadymania trąby
to dobrze bo śmierć przecież za dużo upraszcza
a ponadto zbyt ludzka zła i niedyskretna
nikt nie przymknął Twych oczu nie zasłonił twarzy
ani w bramie nie szeptał rozebranym głosem
o tym co za głośno słyszy się w milczeniu
Pan uchronił do końca i zdrową zostawił
tylko kiedy pukano Ciebie już nie było
nie śmierć ale miłość całą Cię zabrała
jeśli miłość jest prawdą to ciała nie widać

dzień był taki jak zawsze powietrze dzwoniło
pszczołami co wychodzą rano na pogodę
tylko ta sama cisza to straszne milczenie
to puste miejsce przy kubku na stole
choćby się razem z ciałem opuszczało ziemię

MARIÄ HIMMELFAHRT

Zu Dir stürmte keiner mit Pulvern die Treppe hinauf
keiner verdunkelte die Lampe, damit sie nicht blende
niemand sah, wie Deine Hand vom Ellenbogen an erblaßte
kein Hund winselte herzzerreißend, weil die Herrin starb
selbst der Engel unterließ es, die Trompete zu blasen
(und das ist gut so, weil der Tod ohnehin zuviel vereinfacht
überdies ist er zu menschlich, böse und indiskret!)
keiner schloß Dir die Augen, verhüllte Dein Antlitz
auch flüsterte man im Tor nicht mit brüchiger Stimme
über das, was zu laut klingt in tiefem Schweigen —
Dich bewahrte der Herr bis zum Schluß, ließ eine Gesunde zurück
nur als man anklopfte, warst Du längst entschwunden
nicht der Tod, die Liebe hat Dich heil hinweggenommen
(wenn Liebe Wahrheit ist, sieht man den Körper nicht)

es war ein Tag wie jeder andere: die Luft war erfüllt
vom Summen der Bienen, die in der Frühe das schöne Wetter besuchen
nur die Stille, die folgte, das schreckliche Schweigen
der leere Platz am Tisch vor Becher und Teller —
als hätte nicht nur der Körper die Erde verlassen

Karin Wolff

139

PEWNOŚĆ NIEPEWNOŚCI

Dziękuję Ci za to
że nie domówionego nie domawiałeś
nie dokończonego nie kończyłeś
nie udowodnionego nie udowadniałeś

dziękuję Ci za to
że byłeś pewny że niepewny
że wierzyłeś w możliwe niemożliwe
że nie wiedziałeś na religii co dalej
i łza Ci stanęła w gardle jak pestka
za to że będąc takim jakim jesteś
nie mówiąc
powiedziałeś mi tyle o Bogu

SICHERHEIT — UNSICHERHEIT

Ich danke Dir dafür
daß Du das Unausgesprochene nicht ausgesprochen
das Unvollendete nicht vollendet
das Unbewiesene nicht nachgewiesen hast

Ich danke Dir dafür
daß Du Dir Deiner Unsicherheit sicher warst
daß Du an die unmögliche Möglichkeit geglaubt hast
daß Du in „Religion" nicht weiter wußtest
und Tränen Dir im Halse würgten wie ein Pfirsichkern
dafür daß Du bist, der Du bist
und ohne zu reden
soviel mir von Gott erzählt hast

Karin Wolff

BYĆ NIE ZAUWAŻONYM

Być nie zauważonym by spotkać się z Tobą
nie czytanym zbytecznym
właśnie byle jakim
przekreślonym do końca nonszalancją ręki
aromatem niemocnym jeszcze nie poznanym
tuż pomiędzy goździkiem pieprzem i migdałem
fotografią nieważną bo niedokąpaną
liryzmem co się siebie coraz więcej wstydzi
książką którą się kładzie wciąż jedną na drugiej
jabłkiem po gruszce zawsze trochę kwaśnym
rakiem trzymanym w koszu z pokrzywami
włosami co odchodzą jak myszy po cichu
szczygłem co chciał przyfrunąć lecz umarł wysoko
z ogonem tak leciutkim że ponad rozpaczą
biedronką zapomnianą gdy przechodzą żuki
świętym któremu w czas remontu utrącono głowę
niech będzie niewidzialnym skoro stał się dobrym

UNAUFFÄLLIG SEIN

Unauffällig sein, um Dir zu begegnen
ungelesen, überflüssig
eigentlich ein Niemand
mit nonchalanter Geste restlos durchgestrichen
ein schwaches Aroma — noch unerkannt —
direkt zwischen Nelke, Pfeffer und Mandel
ein armseliges, weil nicht entwickeltes Foto
ein lyrischer Ausdruck der sich immer mehr seiner selbst schämt
ein Buch auf das man andere stapelt
ein Apfel der nach der Birne stets etwas säuerlich schmeckt
ein Krebs — in einem Korb mit Brennesseln gehalten
Haare, die sich wie Mäuse klammheimlich verziehen
ein Stieglitz der herbeifliegen wollte, doch in den Lüften starb
mit einem so zarten Schwänzchen, darum jenseits aller Verzweiflung
ein Marienkäfer, den man vergißt, wenn Mistkäfer umgehen
ein Heiliger, dem man beim Heilmachen den Kopf abschlug
denn wenn schon heilig, warum nicht gleich unsichtbar?

Karin Wolff

143

SPOTKANIA

Ktokolwiek nas spotyka od Niego przychodzi
tak dokładnie zwyczajny że nie wiemy o tym

jak osioł co chciał zawyć i nie miał języka
lub chrabąszcz co swej nazwy nie zna po łacinie
będziemy się mijali nie wiadomo po co
spoglądali na siebie i sięgali w ciemność
myśleli o swym sercu że trochę zawadza
jak wciąż ta sama małpa w secesyjnej klatce

Ktokolwiek nas spotyka od Niego przychodzi
jeśli mniej religijny — bardziej chrześcijański
wspomni coś od niechcenia podpowie adresy
jak śnieg antypaństwowy co wzniosłe pomniki
z wyrazem niewiniątka zamienia w bałwany
niekiedy łzę urodzi ważniejszą od twarzy
co pomiędzy uśmiechem a uśmieszkiem kapie

Ktokolwiek nas spotyka od Niego przychodzi
nagle zniknie — od razu przesadnie daleki
czy byliśmy prawdziwi — sprawdził mimochodem

BEGEGNUNGEN

Wer uns auch begegnet — er kommt von Ihm
so absolut alltäglich, daß wir nicht wissen darum

wie ein Esel, der losschreien wollte und keine Stimme hatte
oder ein Maikäfer, der seinen lateinischen Namen nicht kennt
wir werden uns verfehlen und nicht wissen, wozu:
sie schauten sich an und griffen ins Leere
und dachten in ihrem Herzen: es ein bißchen stört
— stets derselbe Affe im nostalgischen Käfig —

Wer uns auch begegnet — er kommt von Ihm
falls weniger fromm, dann um so christlicher
erwähnt er etwas unabsichtlich, souffliert er Adressen
wie der antiautoritäre Schnee, der erhabene Denkmäler
mit Unschuldsmiene in Schneemänner verwandelt
nicht selten weint er eine Träne, die wichtiger ist als das Gesicht
und zwischen Lächeln und Schmunzeln tropft

Wer uns auch begegnet — er kommt von Ihm
plötzlich wird er verschwunden sein — sofort übertrieben weit
doch ob wir wahrhaftig gewesen, hat er trotz allem geprüft

Karin Wolff

DLATEGO

Nie dlatego że wstałeś z grobu
nie dlatego że wstąpiłeś do nieba
ale dlatego że Ci podstawiono nogę
że dostałeś w twarz
że Cię rozebrano do naga
że skurczyłeś na krzyżu jak czapla szyję
za to że umarłeś jak Bóg niepodobny do Boga
bez lekarstw i ręcznika mokrego na głowie
za to że miałeś oczy większe od wojny
jak polegli w rowie z niezapominajką —
dlatego że brudny od łez podnoszę Ciebie
stale we mszy
jak baranka wytarganego za uszy

DESHALB

Nicht deshalb weil Du vom grab erstanden bist
nicht deshalb weil Du in den himmel gefahren bist
sondern deshalb weil man Dir ein bein stellte
Dich ins gesicht schlug
nackt auszog
Du Dich am kreuz krümmtest wie der reiher den hals
dafür daß Du wie Gott gottungleich starbst
ohne medizin und nasses handtuch um den kopf
dafür daß Deine augen größer waren als der krieg
wie die der gefallenen im graben mit dem vergißmeinnicht —
deshalb weil ich Dich schmutzig von tränen
beständig in der messe erhebe
wie ein lamm dem man die ohren langzieht

Ursula Kiermeier

PAN JEZUS NIEWIERZĄCYCH

Pan Jezus niewierzących
chodzi między nami
trochę znany z Cepelii
trochę ze słyszenia
przemilczany solidnie
w porannej gazecie
bezpartyjny
bezbronny
przedyskutowany
omijany jak
stary cmentarz choleryczny
z konieczności szary
więc zupełnie czysty

Pan Jezus niewierzących
chodzi między nami
czasami się zatrzyma
stoi jak krzyż twardy

wierzących niewierzących
wszystkich nas połączy
ból niezasłużony
co zbliża do prawdy

HERR JESUS DER UNGLÄUBIGEN

Herr Jesus der Ungläubigen
wandelt unter uns
wenig bekannt vom „Heimatwerk"
wenig vom Hörensagen
im Morgenblatt
solide verschwiegen
parteilos
schutzlos
durchdiskutiert
gemieden wie
ein alter Cholerafriedhof
notwendigerweise klein
also völlig rein

Herr Jesus der Ungläubigen
wandelt unter uns
hält ab und zu inne
steht da wie das harte Kreuz

Gläubige Ungläubige
uns alle verbindet
unverdienter Schmerz
der hinführt zur Wahrheit

Rudolf Bohren

DESZCZ

Deszczu co padałeś w ewangelii
zarówno na dobrych jak i na złych
co dzwoniłeś o dom na skale
nie zajmują się tobą egzegeci
bo deszcz — to tylko deszcz

co prawda w świętym tekście ale nie na temat
trochę bezmyślny chowa rozum jak przysmak

Święty deszczu nieświęty
bardziej samotny od anioła
uśmiechu niepogody
świadku nadliczbowy

przecież to ty
obmywałeś
nogi idącemu Jezusowi
jak mąż sprawiedliwy
o wiele ciszej
po męsku
nie tak jak Magdalena

REGEN

Regen, der du gefallen bist im Evangelium
sowohl auf Gute wie auf Böse
der du getrommelt hast aufs Haus am Fels
du bist kein Thema für die Exegeten
weil Regen eben weiter nichts als Regen ist

Obschon im heiligen Text, doch nicht zur Sache,
versteckt er etwas unbesonnen seinen Sinn wie eine Leckerei

Heilig unheiliger Regen
einsamer als ein Engel
trübes Lächeln
überzähliger Zeuge

immerhin warst du es
der dem wandernden Jesus
die Füße gewaschen
wie ein Gerechter
um vieles leiser
mannhaft
nicht so wie die Magdalena

Karin Wolff

UCZY

Wiary uczy milczenie
nieświęta choinka
umarły we śnie żywy
w starych wierzbach szpaki
kwiat olchy co się jeszcze przed liściem rozwija
radość przecięta w pół
kłos cięższy od słomy co go z ziarnem dźwiga
modlitwa jak pogoda
bo jeśli ktoś się modli Pan Bóg w nim oddycha

LEHRE

Schweigen lehrt Glauben
profaner Tannenbaum
ein Toter lebendig im Traum
Stare in alten Weiden
Erlenblüte die sich noch vor dem Blatt entfaltet
Freude geschnitten entzwei
Ähre schwerer als das Stroh das sie mitsamt dem Korn trägt
Gebet ist wie das Wetter
so jemand betet atmet Gott der Herr in ihm

Rudolf Bohren

NIE WIADOMO KOMU

Daj się modlić nie wiedząc za kogo i o co
bo Ty wiesz najlepiej czego nam potrzeba
kto ma dzisiaj wyzdrowieć
a kogo ma stuknąć śmierć
lub inaczej piorun sympatyczny
komu zabrać masz urząd by przywrócić rozum
droga nie zna swej drogi
kwiat o sobie nie wie
słowik nie narzeka że nie sypia nocą
gęś się nawet nie dziwi że ma oczy z boku
stara małpa nie zgadnie czemu nie siwieje
święty śnieg bo spada nie wiadomo komu
święte to co przychodzi wciąż wbrew naszej woli

WEISS NICHT

Laß uns beten ohne zu wissen für wen und wofür
denn was wir brauchen weißt du am besten
wer heute gesund werden soll
und wen der Schlag treffen
oder umgekehrt ein Blitz von Sympathie
wem du ein Amt nehmen mußt um das Denkvermögen wiederherzustellen
der Weg kennt seinen Weg nicht
die Blume weiß nichts von sich
die Nachtigall klagt nicht sie könne nachts nicht schlafen
die Gans wundert sich nicht daß sie die Augen an der Seite hat
der alte Affe errät nicht warum er nicht ergraut
Schnee ist heilig weil er weiß nicht wem zufällt
heilig ist was immer wieder gegen unseren Willen kommt

Rudolf Bohren

WIELKA MAŁA

Szukają wielkiej wiary kiedy rozpacz wielka
szukają świętych co wiedzą na pewno
jak daleko odbiegać od swojego ciała

a ty góry przeniosłaś
chodziłaś po morzu
choć mówiłaś wierzącym
tyle jeszcze nie wiem

— wiaro malutka

GROSSER KLEINER

Man sucht großen Glauben wenn die Verzweiflung groß ist
sucht Heilige die ganz bestimmt wissen
wie weit man von seinem Körper abweichen kann

du aber hast Berge versetzt
bist übers Meer gegangen
auch wenn du zu Gläubigen geredet hast
weiß ich so vieles noch nicht

Glaube, ganz kleiner

Rudolf Bohren

TRUDNO

No widzisz — mówiła matka
wyrzekłeś się domu rodzinnego
kobiety
dziecka co stale biega bo chciałoby fruwać
wzruszenia kiedy miłość podchodzi pod gardło

a teraz martwi ciebie
kubek z niebieską obwódką
puste miejsce po mnie przy stole
trzewiki o których mówiłeś że są
tak jak wszystkie — do sprzedania
a nie do noszenia
zegarek co chodzi po śmierci
stukasz w niewidzialną szybę
patrzysz jak czapla w jeden punkt
widzisz jak łatwo się wyrzec
jak trudno utracić

SCHWER

Siehst du, sagte die Mutter
du hast entsagt dem Elternhaus
der Frau
dem Kind das ständig läuft als wollt' es flattern
der Ergriffenheit wenn Liebe bis zum Hals aufsteigt

und jetzt machen dir Sorgen
ein Becher mit himmelblauer Einfassung
der nach mir leere Platz bei Tisch
Schuhe von denen du sagtest
sie seien so wie alle zum Verkauf
und nicht zum Tragen
die Uhr die nach dem Tod geht
du klopfst an eine unsichtbare Scheibe
starrst wie der Reiher auf einen Punkt
siehst wie leicht es ist sich loszusagen
und wie schwer zu verlieren

Rudolf Bohren

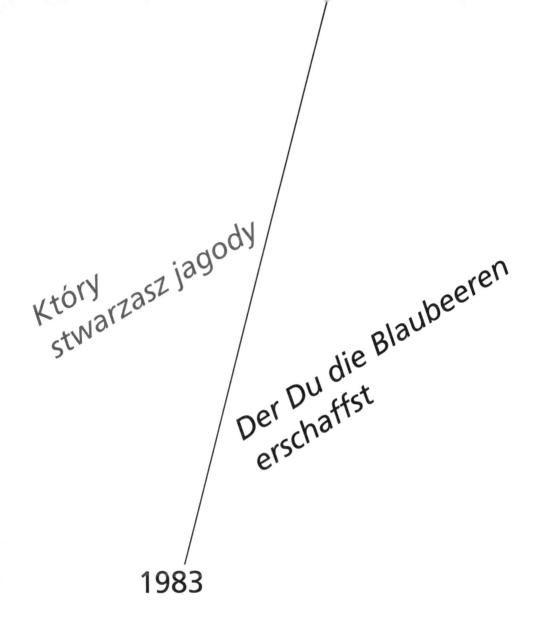

Który
stwarzasz jagody

Der Du die Blaubeeren
erschaffst

1983

TYLKO

To tylko oczy co chcą widzieć dalej
to tylko uszy co pochwycą ciszę
ręce tak smutne jak skrzydła za małe
serce jak kogut zatrzymany w klatce
zmysły co kryją sekret przed poznaniem

Trzeba mieć ciało by odnaleźć duszę

NUR

Nur Augen sinds die weiter sehen wollen
nur Ohren die die Stille erfassen
Hände so traurig wie zu kleine Flügel
das Herz in Käfighaltung wie ein Hahn
Sinne die Geheimes vor Erkenntnis schützen

um die Seele zu entdecken muß man Körper haben

Rudolf Bohren

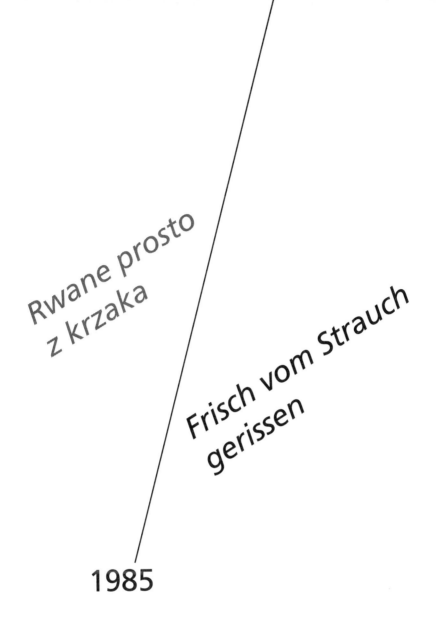

Rwane prosto
z krzaka

Frisch vom Strauch
gerissen

1985

MIŁOŚĆ

Czystość ciała
czystość rąk pana przewodniczącego
czystość idei
czystość śniegu co płacze z zimna
wody co chodzi nago
czystość tego co najprościej
i to wszystko psu na budę
bez miłości

LIEBE

Die Reinheit des Leibes
die Reinheit der Hände des Herrn Vorsitzenden
die Reinheit der Idee
die Reinheit des Schnees der vor Kälte weint
des Wassers das nackt herumläuft
die Reinheit dessen was am einfachsten ist
das alles ist für die Katz
ohne Liebe

Karl Dedecius

DZIĘKUJĘ

Dziękuję za Twoje włosy
nie malowane na obrazach
za Twoje brwi podniesione na widok anioła
za piersi karmiące
za ramiona co przenosiły Jezusa przez zieloną granicę
za kolana
za plecy pochylone nad śmieciem w lampie
za czwarty palec serdeczny
za oddech na szybie
za ciepło dłoni na klamce
za stopy stukające po kamiennych schodach
za to że ciało może prowadzić do Boga

DANKE

Ich danke für deine Haare
auf Bildern nicht gemalt
für deine beim Anblick des Engels hochgezogenen Brauen
für die stillenden Brüste
für die Schultern die Jesus über die grüne Grenze trugen
für die Knie
für den gebeugten Rücken über dem Schmutz in der Lampe
für den vierten den Ringfinger
für den Hauch an der Scheibe
für die Wärme der Hand auf der Klinke
für die über Steinstufen tappenden Füße
dafür daß der Körper zu Gott führen kann

Rudolf Bohren

PISANIE

Jezu który nie brałeś pióra do ręki
nie pochylałeś się nad kartką papieru
nie pisałeś ewangelii

dlaczego nie pisze się tak jak się mówi
nie pisze się tak jak się kocha
nie pisze się tak jak się cierpi
nie pisze się tak jak się milczy

pisze się trochę tak jak nie jest

SCHREIBEN

Jesu der du nie eine Feder in die Hand nahmst
dich nie über ein Papierblatt beugtest
kein Evangelium schriebst

warum schreibt man nicht wie man spricht
nicht wie man liebt
nicht wie man leidet
nicht wie man schweigt

man schreibt ein wenig so wie es nicht ist

Karl Dedecius

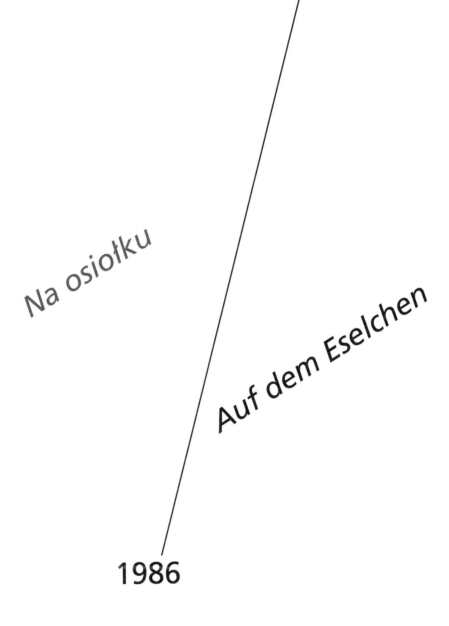

Na osiołku

Auf dem Eselchen

1986

STALE

Staję się stale mniejszy
w mieście które jak inflacja rośnie
we wszechświecie co się rozszerza a kurczy
wśród tych co mnie znaleźli
i widzą że mnie nie ma

nic ze mnie nie zostanie bo i to za dużo

STÄNDIG

Ich werde ständig kleiner
in der Stadt die wie die Inflation wächst
im All das sich weitet und dennoch schrumpft
unter denen die mich gefunden haben
und sehen daß ich nicht da bin

Nichts bleibt von mir übrig und selbst dies ist zu viel

Karl Dedecius

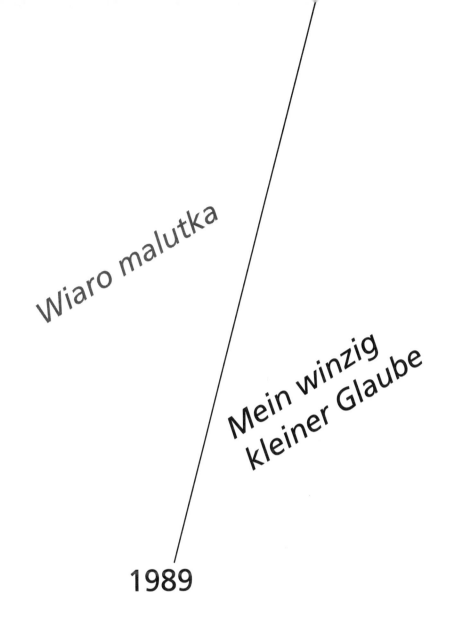

Wiaro malutka

Mein winzig
kleiner Glaube

1989

KIEDY MÓWISZ

Aleksandrze Iwanowskiej

Nie płacz w liście
nie pisz że los ciebie kopnął
nie ma sytuacji na ziemi bez wyjścia
kiedy Bóg drzwi zamyka — to otwiera okno
odetchnij popatrz
spadają z obłoków
małe wielkie nieszczęścia potrzebne do szczęścia
a od zwykłych rzeczy naucz się spokoju
i zapomnij że jesteś gdy mówisz że kochasz

WENN DU SAGST

Für Aleksandra Iwanowska

Weine nicht im Brief
schreib nicht das Schicksal hätte dir einen Tritt versetzt
es gibt auf Erden keine Situationen ohne Ausweg
wenn Gott die Tür schließt — öffnet er ein Fenster
erhol dich schau hin
von den Wolken fallen
kleine große Unglücksfälle nötig für das Glück
und lerne die Ruhe von den gewöhnlichen Dingen
und vergiß daß du bist wenn du sagst ich liebe

Karl Dedecius

Sumienie ruszyło

Das Gewissen rührte sich

1989

ODPOWIEDŹ

Ręce mi swoje podaj na dzień dobry
drogą krzyżową poprowadź w południe
gdy dzień jak młodość — pochyli się nisko
z katechizmu przepytaj wieczorem
potem do ucha powiedz na dobranoc

jaka mała odpowiedź na wszystko

ANTWORT

Deine Hände reiche mir zum Guten Tag
führ mich den Kreuzweg am Mittag
wenn der Tag wie die Jugend zur Neige geht
frag mich abends aus dem Katechismus ab
dann sag mir den Gutenachtgruß ins Ohr

wie klein ist die Antwort auf alles

Rudolf Bohren

RANY

Mówią że Cię poznano przy łamaniu chleba
raczej po ranach rąk Twych które go łamały
chleb niewidoczny jak tajniak na co dzień
być albo nie być nie dla nas pytanie
tylko Ty jesteś

obraca się ziemia
miłość oddala bo za bardzo zbliża
chleb tak jak serce o wiele za małe

rany świadczą więcej niż ręce rozdały

WUNDMALE

Man sagt sie hätten dich beim Brotbrechen erkannt
eher wohl an den Malen deiner brechenden Hände
das Brot jeden Tag unsichtbar wie ein Geheimagent
Sein oder Nichtsein ist für uns keine Frage
nur du bist

die Erde dreht sich
Liebe entfremdet denn sie bringt allzu nahe
Brot ist wie das Herz viel zu klein

Wundmale bezeugen mehr als die Hände austeilten

Rudolf Bohren

BÓG

Kto Boga stworzył
uczeń zapytał
ksiądz dał się przyłapać
poczerwieniał nie wie

A Bóg
chodzi jak po Tatrach w niebie
tak wszechmogący że nie stworzył siebie

GOTT

Wer Gott erschaffen
fragte der Schüler
der Priester ließ sich ertappen
wurde rot weiß es nicht

Und Gott
geht im Himmel wie in der Tatra umher
so allmächtig, sich nicht erschaffen zu haben

Rudolf Bohren

CIERPLIWOŚĆ

Cierpliwość — spokój że przecież się stanie
miłość — z Niewidzialnym milcząca rozmowa
radość — Jego ręce
pokora — to On właśnie przed ludźmi się schował
śnieg — wdzięczność do końca
bo całuje groby
Krzyż — kiedy miłość idzie za daleko

GEDULD

Geduld ist die Gelassenheit, daß es dennoch geschieht
Liebe — schweigende Zwiesprache mit dem Unsichtbaren
Freude — seine Hände
Demut — gerade er hielt sich vor den Menschen verborgen
Schnee — Dankbarkeit bis zum Ende
denn er küßt die Gräber
Kreuz — wenn die Liebe zu weit geht

Rudolf Bohren

ZMARTWIENIE

Jezu — martwił się proboszcz —
głosisz tylko prawdę
nie wyjeżdżasz na zachód by kupić mieszkanie
w Rosji już zmiękło
a Ty wciąż w ukryciu
nie budujesz kościoła z pustaków
lecz z żywego serca
nie odkładasz na wszelki wypadek

jak Ty sobie dasz radę w życiu

GRAM

Jesus, grämte sich der Pfarrer
du verkündest nur die Wahrheit
fährst nicht in den Westen um eine Wohnung zu kaufen
in Rußland ist es weniger schlimm
du aber bleibst immerzu verborgen
du baust keine Kirche aus Hohlziegeln
sondern aus lebendigem Herzen
du machst keine Rücklage für den Notfall

wie weißt du dir im Leben zu helfen

Rudolf Bohren

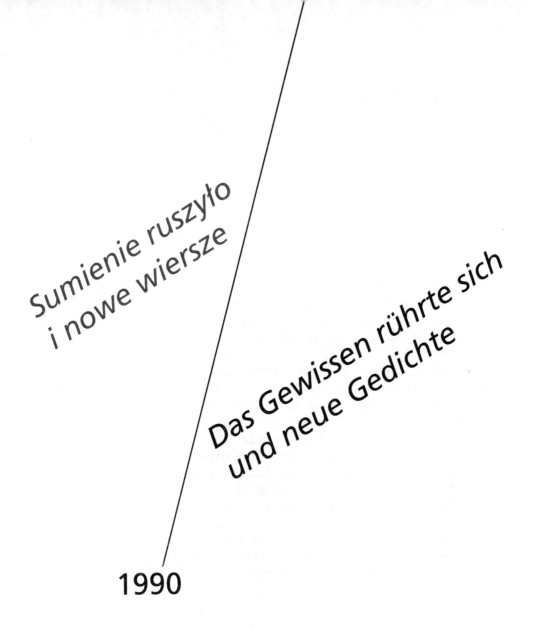

Sumienie ruszyło
i nowe wiersze

Das Gewissen rührte sich
und neue Gedichte

1990

NIC NIE WIEDZIEĆ

Być kochanym i jeszcze nic nie wiedzieć o tym
stale jedną herbatę ustawiać na stole
mieszać jedną łyżeczką
kupić jeden bilet
samemu odwiedzać w Zoo gruboskórne słonie
pocieszać się że zając biega pojedynczo
że czasem narzeczony całuje jak ryba
tymczasem Ten co kocha prosto z nieba idzie
białe kwiaty poziomek niesie z głębi lasu
drozda borówki koźlaki życzliwe
tymianek co podobny wciąż do macierzanki
ciszę która nawet każdy grzech poprawia
stworzył dookoła pięć miliardów ludzi
i stale jednego szuka aby z nim się spotkać
być kochanym i jeszcze nic nie wiedzieć o tym
żeby było do twarzy zasypuje śniegiem
stara się o choinkę niby od nikogo
mówi że trzeba odejść żeby nie przeminąć
zaprasza na spotkanie prawie po kryjomu
nad wodę w noc jesienną gdzie cieplej niż w polu
i opera żab swojskich niewielka lecz piękna
i księżyc przypadkowy co nie wie co będzie
prócz jednego że się nigdy nie powtarza szczęście
być kochanym i jeszcze nic nie wiedzieć o tym
lecz samotność to kuzynka najbliższa miłości
a miłość wciąż za duża by całą ją widzieć
i już nie wiesz do końca bo wszystko jest obok
a śmierci nigdy nie można uwierzyć

NICHTS WISSEN

Geliebt sein und noch nichts davon wissen
weiterhin einen Tee auf den Tisch stellen
mit einem Löffel umrühren
ein Einzelbillett kaufen
dickhäutige Elefanten im Zoo besuchen
sich daran freuen daß der Hase ein Einzelrennen absolviert
daß der Verlobte manchmal küßt wie ein Fisch
während Er der liebt einfach vom Himmel kommt
weiße Erdbeerblüten aus des Waldes Tiefe bringt
eine Drossel Heidelbeeren Ziegenlippen
Thymian der immerfort dem Quendel gleicht
Stille die gar jede Sünde gutmacht
an die fünf Milliarden Menschen hat Er geschaffen
und sucht immer noch dem Einzelnen zu begegnen
geliebt sein und noch nichts davon wissen
damit es zu Gesicht steht streut er Schnee
besorgt sich einen Christbaum von weiß nicht wem
sagt man müsse weggehen um nicht zu vergehen
bittet in der Herbstnacht fast geheim zu einem
Stelldichein am Wasser wo's wärmer ist als im Feld
und die heimische Froschoper klein aber fein
und der Zufallsmond der nicht weiß was sein wird
außer dem einen daß Glück sich niemals wiederholt
geliebt sein und noch nichts davon wissen
doch Einsamkeit ist die direkte Base der Liebe
und Liebe immer zu groß um ganz gesehen zu werden
du blickst nicht mehr durch denn alles ist daneben
aber dem Tod kann man nie Glauben schenken

Rudolf Bohren

ZACZEKAJ

Kiedy się modlisz — musisz zaczekać
wszystko ma czas swój
wiedzą prorocy
trzeba wciąż prosząc przestać się spodziewać
niewysłuchane w przyszłości dojrzewa
to niespełnione
dopiero się staje
Pan wie już wszystko nawet pośród nocy
dokąd się mrówki nadgorliwe spieszą
miłość uwierzy przyjaźń zrozumie
nie módl się skoro czekać nie umiesz

WARTE

Wenn du betest mußt du ein wenig warten
alles hat seine Zeit
sehen die Propheten
ständig bittend sollte man zu hoffen aufhören
das Unerhörte reift in Zukunft
was unerfüllt ist
ereignet sich erst
der Herr weiß alles schon auch mitten in der Nacht
wohin Ameisen übereifrig eilen
Liebe wird glauben Freundschaft verstehn
bete nicht wenn du nicht warten kannst

Rudolf Bohren

BOŻE

Boże którego nie widzę
a kiedyś zobaczę
przychodzę bezrobotny
przystaję w ogonku
i proszę Cię o miłość jak o ciężką pracę

GOTT

Du Gott den ich nicht sehe
und den ich einst schaue
dann komme ich arbeitslos
reihe mich in die Schlange
und bitte Dich um Liebe wie um eine schwere Arbeit

Karl Dedecius

ROZMOWA Z CUDOWNĄ FIGURĄ

— Wcale nie jesteś cudowna
westchnął
masz nieforemną głowę
szorstko cię ociosali
przynajmniej o półtora centymetra za długi palec

— Mój ty cymbale — pomyślała
Cudowna — bo mnie ludzie pokochali

GESPRÄCH MIT EINER WUNDERBAREN FIGUR

— Du bist gar nicht wunderbar
seufzte er
hast einen unförmigen Kopf
sie haben dich grob gezimmert
die Finger mindestens anderthalb Zentimeter zu lang

— Du mein Dummerle — dachte Sie
Wunderbar — doch weil mich die Menschen liebgewonnen haben

Karl Dedecius

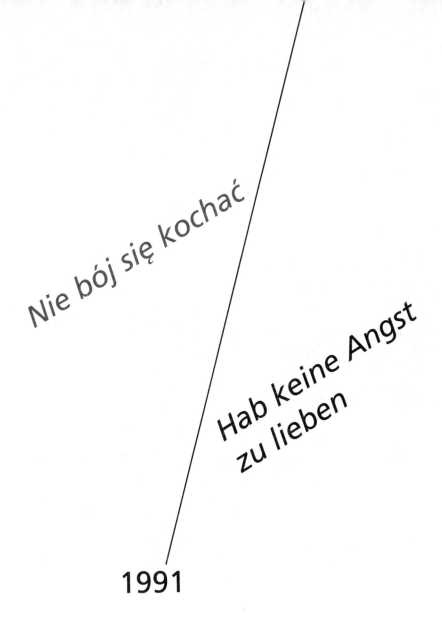

Nie bój się kochać

*Hab keine Angst
zu lieben*

1991

ON

Zatrzymał się
cień pod oknem
nade mną chmury wędrowne
udam że mnie nie ma
zapomnę
puka
znów nie otwieram
myślę: — Późno ciemno
— Kto? — pytam wreszcie
— Twój Bóg zakochany
z miłością niewzajemną

ER

Ein Schatten hielt
vor meinem Fenster inne
wandernde Wolken über mir
ich tu so als wär ich nicht da
und denk nicht mehr dran
es klopft
ich mache wieder nicht auf
und denke: Spät ist's und dunkel
„Wer da" frage ich endlich
„dein Gott entbrannt
in Liebe ohne Gegenliebe"

Rudolf Bohren

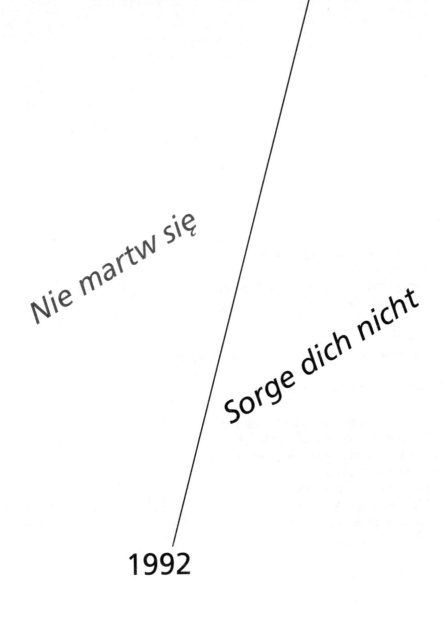

Nie martw się

Sorge dich nicht

1992

UBOGI

Kocham kościół ubogi
zagrożony
jak bocian na cienkiej nodze
w głodującej Afryce
z dziewczynką do pierwszej Komunii
w cerowanej sukience

— nie bój się
święty Józef trzyma go jak golasa za ręce

Kocham kościół nieśmiały
Boży
z tacą na której ktoś guzik położył
gdzie śpiewają modlą się o księży
a banan przy rozbieraniu pokazuje język
różne są serca kraje
gałgany ścierki szkarłaty
zgubił się Jezus na dobre
w kościele bogatym

ARM

Ich liebe die arme Kirche
bedroht
wie der Storch auf dünnem Bein
im hungernden Afrika
mit dem Mädchen bis zur ersten Kommunion
im gestopften Kleid

— hab keine Angst
der heilige Josef hält sie wie eine Nackte
    an den Händen

ich liebe die schüchterne Kirche
Gottes
mit einem Tellerchen auf das jemand einen Knopf gelegt hat
wo man singt betet man um Priester
und zeigt die Banane beim Schale-Abziehen die Zunge
Verschiedenartiges säumt das Herz
Lumpen Wischlappen Scharlach
in der reichen Kirche
ist Jesus vollends verschwunden

Rudolf Bohren

14 — Jan Twardowski

PROŚBA

Sam nic nie czyniłem dobrego
ani mniej ani więcej
to tylko anioł rozdawał
czasami przez moje ręce
kochać też nie umiałem
wiernie ani niewiernie
ktoś inny lepszy
kochał przeze mnie
dogmatów nie rozumiałem
rano w południe w nocy

ufam że wytłumaczysz
kiedy mi zamkniesz oczy

BITTE

Selber hab ich Gutes nicht getan
dabei lasse ichs bewenden
nur ein Engel teilte ab und an
etwas aus mit meinen Händen
lieben konnte ich auch nicht
weder ungetreu noch wahr
jemand anderer besserer
liebte wurde in mir offenbar
Dogmata verstand ich nicht
weder morgens, mittags, noch zur Nacht

und so hoffe ich auf deine Deutung
wenn du mir die Augen zugemacht

Rudolf Bohren

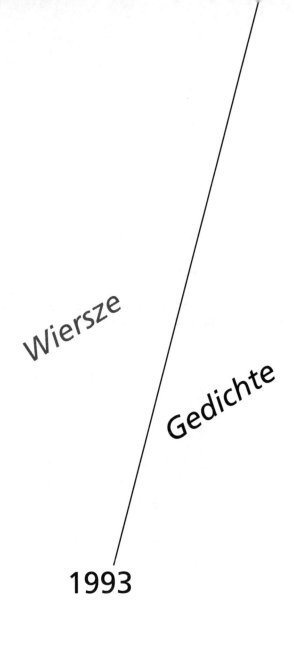

Wiersze

Gedichte

1993

BAŁEM SIĘ

Bałem się oczy słabną — nie będę mógł czytać
pamięć tracę — pisać nie potrafię
drżałem jak obora którą wiatr kołysze

— Bóg zapłać Panie Boże bo podał mi łapę
pies co książek nie czyta i wierszy nie pisze

ICH HATTE ANGST

Ich hatte Angst die Augen lassen nach — ich werde nicht lesen können
verliere das Gedächtnis — kann nicht schreiben
ich bebte wie ein vom Winde geschaukelter Stall

— Gott vergelt's Herr Gott daß mir die Pfote gereicht hat
der Hund der keine Bücher liest und keine Gedichte schreibt

Karl Dedecius

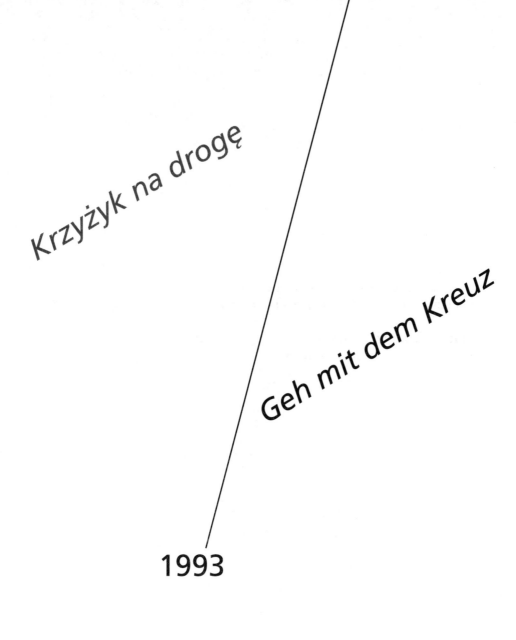

1993

BYŁAŚ

Byłaś taka zwyczajna
rozbawione włosy
w ogrodzie nad porzeczką
z jednym listkiem twarz
nic o tym nie wiedziałaś i ja nie wiedziałem
że można się tak widzieć już ostatni raz

leciutki wierszyk a pomieścił
rozstanie jak kosteczki śmierci

DU WARST

Du warst so normal
mit heiterem Haar
im Garten überm Ribislstrauch
mit einem kleinen Blatt das Gesicht
du ahntest nicht sowenig wie ich
daß diese Art sich zu sehen vielleicht schon das letzte Mal war

dies Verslein aber faßte
die Trennung als Knöchlein des Todes

Rudolf Bohren

WDZIĘCZNOŚĆ

Jest taka wdzięczność kiedy chcesz dziękować
lecz przystajesz jak gapa bo nie widzisz komu
a przecież sam nie jesteś płacząc po kryjomu
Niewidzialny jest z tobą co jak kasztan spada
jest taka wdzięczność kiedy chcesz całować
oczy włosy niewidzialne ręce
powietrze deszcz co chlapie
zimę saneczki dziecięce
dom rodzinny co spłonął z portretem bez ucha
rozstania niby przypadkowe
kiedy żyć nie wypada a umrzeć nie wolno
jest taka wdzięczność kiedy chcesz dziękować
za to że niosą ciebie nieznane ramiona
a to czego nie chcesz najbardziej się przyda
szukasz w niebie tak tłoczno i tam też nie widać

DANKBARKEIT

Es gibt eine Dankbarkeit du möchtest danken
nur hältst du Maulaffen feil und siehst nicht wem
doch heimlich weinend bist du nicht allein
der Unsichtbare ist mit dir der fällt wie die Kastanie
es gibt eine Dankbarkeit du möchtest küssen
Augen Haare unsichtbare Hände
die Luft den Nieselregen
den Winter den Kinderschlitten
das Elternhaus das mit dem Portrait ohne Ohr in Flammen aufging
Trennungen als wärn sie purer Zufall
wenn zu leben sich nicht schickt und man nicht sterben darf
es gibt eine Dankbarkeit du möchtest danken
daß dich unbekannte Schultern tragen
und das was du nicht willst es nützt am meisten
gedrängt suchst du im Himmel was man auch dort nicht sieht

Rudolf Bohren

JESTEŚ

Jesteś — bo chociaż jesień
renta jak trumienka w kieszeni
jeszcze przyszłość jak cielę na razie mówi niewiele
trzy pióra na głowie czapli które wróżą szczęście
to co tak niemożliwe że na pewno będzie
parasol co się uśmiecha do deszczu
jędza całowana na dzień dobry
drozd z białym kuperkiem co nie zginął w zawiei
miłość zdjęta z krzyża
jesteś — bo skąd tyle jeszcze nadziei

DU BIST

Du bist — denn obwohl es Herbst ist
steckt in der Tasche die Rente wie ein kleiner Sarg
noch spricht vorerst die Zukunft nicht viel wie ein Kalb
drei Federn auf dem Kopf des Reihers die Glück verheißen
das was so unmöglich ist daß es ganz sicherlich eintrifft
der Regenschirm der zum Regen hinlächelt
die Hexe geküßt zum Guten Morgen
die Drossel mit dem weißen Bürzel die dem Gestöber entronnen
die vom Kreuz genommene Liebe
Du bist — woher soll sonst die viele Hoffnung kommen

Karl Dedecius

Niecodziennik wtóry

Der zweite Unalltägliche

1995

POSŁOWIE

ks. Tadeuszowi Bachowi

Proszę o mszę w mojej intencji
latem zimą jesienią wiosną
świętą to znaczy cichą
nie za głośną
taką w sam raz
po której łzy
jak boże krówki
po grzechach mych rosną

NACHWORT

Für Tadeusz Bach

Ich bitte um eine Messe für mich
im Sommer im Winter im Herbst im Mai
eine heilige das heißt leise
nicht zu laut
eine geradeso so
auf der die Tränen
über meine Sünden
wie Marienkäfer gedeihn

Karl Dedecius

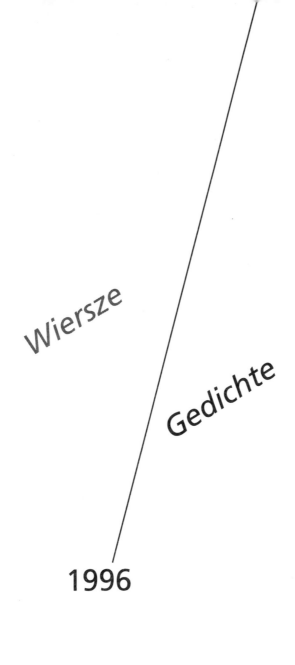

Wiersze

Gedichte

1996

WIERNA

Jest taka miłość która nie umiera
choć zakochani od siebie odejdą
zostanie w listach wspomnieniach pamiątkach
w miłych sprzeczkach — Co było dla Adama lepiej
czy Ewa na co dzień — czy jak przedtem żebro
zostanie nie na niby nawet w jednym listku
bzu gdy nie rozumiejąc rozumie się wszystko
choćby że zmartwychwstaną najpierw dni powszednie
wbrew krasce co przysiada na ziemi niechętnie
zostanie przy zabawie i kasztanach w parku
w szczęściu co się jak prawdziwek chowa
pomiędzy śmiercią sekund na zegarku
a przyszłość to przeszłość co znowu od nowa
jest taka miłość która nie umiera
choć zakochani uciekną od siebie
porzucona jak pies samotna
wierna nawet niewiernym na spacerze w niebie

TREU

Es gibt eine Liebe die nicht stirbt
selbst wenn die Verliebten sich verlassen —
sie bleibt in Briefen Erinnerungen Andenken
den netten Streitigkeiten — Was war für Adam besser
Eva alle Tage — oder wie vorher die Rippe
sie bleibt nicht zum Schein sogar in einem Fliederblatt
wenn man nicht begreifend alles begreift
zumindest daß zuerst die gewöhnlichen Tage wiederauferstehen
trotz der Blaurake die unwillig sich auf die Erde setzt
bleibt bei dem Vergnügen und den Kastanien im Park
im Glück das sich wie ein Steinpilz scheu
im Tod der Sekunden auf der Uhr verbarg,
und die Zukunft ist Vergangenheit wieder neu
es gibt eine Liebe die nicht stirbt
auch wenn die Verliebten voneinander fliehn für immer
verlassen einsam wie ein Hund
sogar den Untreuen treu beim Spaziergang im Himmel

Karl Dedecius

231

Spóźnione
kukanie

Der verspätete
Kuckucksruf

1996

NIESZCZĘŚCIE NIE-NIESZCZĘŚCIE

Jest taki uśmiech co mieszka w rozpaczy
bo gdy widzisz zbyt czarno to często inaczej
niekiedy w smutku jak drozd ci zaśpiewa
— twej miłości zranionej Bóg łaknie jak chleba
nieszczęście nie-nieszczęście jeśli szczęścia nie ma
jest uśmiech co się nawet na cmentarzu kryje
każdy świętej pamięci umiera więc żyje
cóż że go nie widzisz powraca do domu
siada przy stole czyta lampę świeci
czasem w bamboszach by nas nie obudzić
tylko śmierć umie ludzi przybliżyć do ludzi
nic dziwnego przecież tak to bywa
z nieba się tęskni zawsze po kryjomu
choćby królikom mlecze przed rosą pozrywać
ciotkę z gotówką przy sobie zatrzymać
uśmiech czasem się modli po prostu — mój Boże
tu gdzie miłość odchodzi lecz jej nie ubywa
ci co się kochają cierpią gdy są razem
uśmiech i z cytryną uśmiechnąć się może

narzekasz że świat surowy jak grzyb niejadalny
a w świecie stale uśmiech niewidzialny

UNGLÜCK UN-UNGLÜCK

Es gibt ein Lächeln das in der Verzweiflung wohnt
denn wenn du zu schwarz siehst, dann lohnt
dir manchmal Drosselgesang deine Not
— nach deiner verwundeten Liebe lechzt Gott wie nach Brot
Unglück Un-Unglück ist das Glück abhanden
gibt's das Lächeln das sich sogar auf Friedhöfen verbirgt
es lebt wer seligen Angedenkens stirbt
auch wenn du ihn nicht siehst er kommt zurück
setzt sich an den Tisch liest knipst die Lampe an
manchmal in Hausschuhn um uns nicht zu wecken
nur der Tod bringt die Menschen den Menschen näher:
nichts Ungewöhnliches so ist es genau
vom Himmel herab sehnt man sich stets heimlich
und wenn man den Kaninchen Gänsedisteln pflückte vor dem Tau
die Tante mit dem Bargeld bei sich behielte
das Lächeln betet ganz einfach manchmal — mein Gott ohne
Liebe bleibt es nicht, auch wenn sie verschwindet
die sich lieben die leiden auch wenn sie sich verbinden
das Lächeln kann auch lächeln mit der Zitrone

du klagst die Welt sei wie ein ungenießbarer Pilz zuwider,
es huscht doch immer ein unsichtbares Lächeln darüber

Karl Dedecius

235

Jak tęcza co sobą
nie zajmuje miejsca

Wie ein Regenbogen
der keinen Platz braucht

1997

OGIEŃ

Patrzę Jezus na brzegu
wydawał się łatwy
taki do serca na co dzień
Mówił: — Przyjdź
czekam
tylko nie licz na cuda
do mnie się idzie przez ogień

FEUER

Ich sehe Jesus am Ufer
er schien einfach
einer für den Alltag
Er sagte: — Komm
ich warte
hoffe nicht auf Wunder
zu mir geht man durchs Feuer

Karl Dedecius

ZDEJMOWANIE Z KRZYŻA

Rozpoczynam od głowy
już nie pytam czy boli
śmierć nie znosi takich pytań bo po co
włosy teraz odgarniam spod za ciężkiej korony
co jak owce czarne się tłoczą
potem ciernie wyjmuję
po kolei całuję
liczę na głos pierwszy drugi trzeci
groźne zajadłe teraz smutne zabawne
jak czerwone kredki dla dzieci
teraz łzę zdejmuję Mu z twarzy
tę ostatnią co ostygła i parzy
wreszcie z gwoździ wyrywam nogi ręce
dalej nie wiem co dalej
choćby świat się zawalił modlę się do serca o serce

KREUZABNAHME

Ich beginne mit dem Kopf
frage nicht ob er schmerzt
der Tod verträgt solche Fragen nicht wozu auch
ich streiche jetzt die Haare zurück unter der zu schweren Krone
die sich wie schwarze Schafe drängen
danach entferne ich die Dornen
küsse sie der Reihe nach
zähle laut erster zweiter dritter
bedrohliche bissige traurige spaßige
wie rote Wachsmalkreide für Kinder
jetzt nehme ich Ihm die Träne vom Gesicht
diese letzte die erkaltet brennt
schließlich reiße ich die Beine die Hände von den Nägeln
weiter weiß ich nicht was weiter
und wenn die Welt einstürzte ich bete zum Herzen um ein Herz

Karl Dedecius

NA RĘCE

Nazywają cię brzydulą
uciekają w te pędy po kolei
biorę ciebie na ręce
jak królika na szczęście

śmierci — chwilo największej nadziei

IN DIE ARME

Sie nennen dich Scheusal
flüchten im Galopp der Reihe nach
ich nehme dich in die Arme
wie ein Kaninchen als Glücksbringer

Tod — Augenblick der größten Hoffnung

Karl Dedecius

Stawiam sobie czasem trzy pytania: dlaczego piszę? do kogo piszę? co myślę o swoich własnych wierszach?

Nie prowadzę dziennika. Swoje przeżycia, wzruszenia, spotkania ze światem i ludźmi zapisuję w wierszach.

Wiersze są rodzajem rozmowy, w której autor chce coś przekazać z własnych przeżyć. Piszę tak, jakbym mówił do kogoś bliskiego. Dla mnie wiersz jest poszukiwaniem kontaktu z drugim człowiekiem. Chciałbym trafić do każdego. Cieszy mnie to, że wiersze rozumieją czytelnicy spoza polskiej przestrzeni, rozumieją w swoim języku.

Jako ksiądz żyję w dwóch światach: zewnętrznym — mediów, które mówią o zarażonym, nieprawdziwym, okropnym świecie ludzkich grzechów, i wewnętrznym — ludzkich wyznań, spowiedzi. Wiem, że jeśli nawet człowiek odchodzi od Boga — męczy się. Jest krzyż wiary i niewiary.

Wciąż chcę pisać lepiej. W dzisiejszym świecie spotykamy się z twórczością cenionych nieraz umysłów, zarażonych rozpaczą, relatywizmem, niewiarą, materializmem, postmodernizmem. Wiersz religijny może wydać się za słaby, zbyt zagłuszony. Ale nie dostrzegany odbiorca jest, odbiorca, który szuka nadziei, prawdy, autentyzmu i nie idzie za tym, co modne. W świecie niewiary próbuję mówić o wierze, w świecie bez nadziei — o nadziei, w świecie bez miłości — o miłości.

Brak dziś wierszy religijnych. Sam fakt, że pojawiła się propozycja ich wydania, świadczy o zapotrzebowaniu.

Chciałbym wytłumaczyć tytuł zbioru. Pochodzi on z wiersza *Co prosi o miłość*:

> Bóg wszechmogący co prosi o miłość
> tak wszechmogący że nie wszystko może
> skoro dał wolną wolę
> miłość teraz sama
> wybiera po swojemu
> to czyni co zechce

Manchmal stelle ich mir drei Fragen: warum schreibe ich? für wen schreibe ich? was denke ich über meine Gedichte? Ich führe kein Tagebuch. Meine Erlebnisse, Erschütterungen, Begegnungen mit der Welt und den Menschen notiere ich in Gedichten.

Gedichte sind eine Form des Gesprächs, in dem der Autor etwas über sein Erleben mitteilen will. Ich schreibe, als spräche ich zu einem nahen Menschen. Für mich ist ein Gedicht die Suche nach Begegnung mit dem anderen. Ich fände gerne mit jedem gemeinsame Worte. Es freut mich, daß Leser außerhalb des polnischen Sprachraums die Gedichte verstehen, sie in ihrer Sprache verstehen.

Als Priester lebe ich in zwei Welten: der äußeren — der der Medien, die von der angesteckten, unwirklichen, widerwärtigen Welt menschlicher Sünden sprechen — und der inneren — menschlicher Eingeständnisse, Beichten. Ich weiß, daß sogar dann, wenn ein Mensch Gott verläßt, er sich quält. Es gibt ein Kreuz des Glaubens und eines des Unglaubens.

Ich möchte immer besser schreiben. In der heutigen Welt treffen wir oft auf das Schaffen geschätzter Geister, die Verzweiflung, Relativismus, Unglaube, Materialismus und Postmoderne angesteckt haben. Das geistliche Gedicht mag zu schwach scheinen, seine Stimme zu erstickt. Aber es gibt einen unbemerkten Leser, den Leser, der Hoffnung sucht, Wahrheit, Authentizität und nicht den Moden nachläuft. In der Welt des Unglaubens versuche ich, vom Glauben zu sprechen, in einer Welt ohne Hoffnung — von der Hoffnung, in einer Welt ohne Liebe — von der Liebe.

Es mangelt heute an geistlichen Gedichten. Allein die Tatsache, daß das Angebot dieser Ausgabe gemacht wurde, stellt den Bedarf unter Beweis.

Ich möchte den Titel dieser Sammlung erklären. Er stammt aus dem Gedicht *Der da um Liebe fleht*:

> Der allmächtige Gott da fleht um Liebe
> ist so allgewaltig daß er nicht alles vermag
> gab er doch den freien Willen
> jetzt wählt die Liebe
> selbst nach ihrem Geschmack
> tut was ihr gefällt

więc czasem wzruszenie jak szczęście przylaszczek
co się od razu na wiosnę kochają
bywa obojętność to jest sprawy trudne
głogi tak bardzo bliskie że siebie nie znają
kocha lub nie kocha — to jęk nie pytanie
więc oczy zwierząt ogromne i smutne
śpi spokojnie w gnieździe
szpak szpakowa szpaczek
Bóg co prosi o miłość
rozgrzeszy zrozumie
Wszechmoc wszystko potrafi
więc także zapłacze
Wszechmogący gdy kocha najsłabszym być umie

Zawarty jest tu paradoks: Bóg wszechmogący jako człowiek jest żebrakiem proszącym o miłość. Spotyka się z niewzajemną miłością. Wszechmogący Bóg nie wszystko może. Skoro dał człowiekowi wolną wolę, nie może zmuszać go do kochania. Wobec tego Wszechmogący — jak żebrak — prosi o miłość. Bóg dlatego stał się człowiekiem, by przeżyć całe ludzkie życie, także dramat nie chcianej miłości.

Co to znaczy: Bóg prosi o miłość?

Prosi, by wybrać Jego drogę, a nie samego siebie. Prosi, aby Jego miłość do człowieka była wzajemna.

ks. Jan Twardowski

manchmal also ist die Rührung wie das Glück der Leberblümchen
die sich gleich im Frühling lieben
es gibt Gleichgültigkeit das heißt schwierige Fragen
Hagebutten einander so nah daß sie sich nicht kennen
liebt er liebt er mich nicht — das ist Aufschrei nicht Frage
große und traurige Tieraugen also
im Nest schlummern ruhig
Star Starin der kleine Star
Gott der da um Liebe fleht
spricht frei versteht
Die Allmacht kann alles
so weint sie auch
Der Allmächtige versteht wenn er liebt der schwächste zu sein

Hier ist ein Paradox enthalten. Der allmächtige Gott wird als Mensch zum
Bettler, der um Liebe fleht. Er stößt auf unerwiderte Liebe. Der
allmächtige Gott vermag nicht alles. Da er den Menschen den freien
Willen gab, kann er ihn nicht zur Liebe zwingen. Also fleht er —
wie ein Bettler — um Liebe. Gott wurde deshalb Mensch, um das ganze
Menschenleben zu durchleben, auch das Drama der unerwünschten Liebe.

Was heißt das: Gott fleht um Liebe?

Er fleht darum, daß man Seinen Weg wählt, nicht sich selbst. Er fleht
darum, daß Seine Liebe zu den Menschen erwidert wird.

Jan Twardowski
Priester

Übertragen von Ursula Kiermeier

NOTA EDYTORSKA

Sto zebranych tu wierszy pochodzi z lat 1950–1997. Ich kolejność odpowiada układowi w obrębie tomów, w których się ukazały.

Uwzględniono późniejsze liczne korekty autorskie, wprowadzane w tomach: *Nie przyszedłem pana nawracać* (1986), *Który stwarzasz jagody* (wyd. 2, 1988), *Trzeba iść dalej, czyli spacer biedronki* (1994), *Rwane prosto z krzaka* (1996).

Dwa wiersze: *Tyle wieków* i *Uczy*, otrzymały w niniejszym tomie nową redakcję.

W przypadku zmiany — w porównaniu z edycjami najdawniejszymi — tytułów wierszy za podstawę przyjęto wersje z najnowszych wydań. Dotyczy to następujących utworów (w nawiasach podaję tytuły pierwotne): *Daj nam ubóstwo* (*Daj nam*), *Jak się nazywa* (*Nienazwane*), *Czas niedokończony* (*Nie opowiadajcie*), *Przychodzą same* (*Spotkania*), *Bezdzietny anioł* (*Właśnie wtedy*), *Rozmowa z Matką Bożą* (*Rozmowa*), *Kiedy mówisz* (*Gdy mówisz*), *Byłaś* (*** *Byłaś taka zwyczajna...*), *Wdzięczność* (*** *Jest taka wdzięczność...*), *Jesteś* (*** *Jesteś — bo chociaż jesień...*).

Wiersze *Sprawiedliwość*, *Tak ludzka* otrzymały w tomach późniejszych dedykacje.

Przekłady niemieckie (w pierwszej redakcji) siedemdziesięciu sześciu wierszy ukazały się w:

1. J. Twardowski: *Ich bitte um Prosa. Langzeilen*. Aus dem Polnischen übersetzt von Alfred Loepfe, Einsiedeln: Johannes Verlag 1973;

2. J. Twardowski: *Geheimnis des Lächelns*. Auswahl, Übertragung, Herausgabe Karin Wolff, Graz–Wien–Köln: Verlag Styria 1982;

3. *Lyrisches Quintett. Fünf Themen der polnischen Dichtung*. Hrsg. und aus dem Polnischen übertragen von Karl Dedecius, Frankfurt am Main: Suhrkamp Verlag 1992;

Die hundert hier vorgestellten Gedichte stammen aus den Jahren 1950–1997. Ihre Abfolge entspricht der Anordnung in den Gedichtbänden, in denen sie erstmals erschienen sind. Berücksichtigt wurden auch die zahlreichen späteren Textveränderungen des Autors, die er in seinen Auswahlbänden vorgenommen hat: *Ich bin nicht gekommen um Sie zu bekehren* (1986, *Nie przyszedłem pana nawracać*), *Der Du die Blaubeeren erschaffst* (1988, 2. Aufl., *Który stwarzasz jagody*), *Man muß weiter gehen oder Der Spaziergang des Marienkäfers* (1994, *Trzeba iść dalej, czyli spacer biedronki*), *Frisch vom Strauch gerissen* (1996, *Rwane prosto z krzaka*).

Die beiden Gedichte *Tyle wieków* (*So viele Jahrhunderte*) und *Uczy* (*Er lehrt*) wurden für diesen Band neu redigiert.

Wenn es im Vergleich zu den ersten Ausgaben zu einer Veränderung des Titels gekommen ist, gelten die letzten Fassungen als Ausgangspunkt. Das betrifft folgende Werke (in den Klammern werden die ursprünglichen Titel angegeben): *Schenke uns Armut / Daj nam ubóstwo* (*Schenke uns / Daj nam*), *Ungenannt / Jak się nazywa* (*Ungenannt / Nienazwane*), *Imperfectum / Czas niedokończony* (*Erzählt nicht / Nie opowiadajcie*), *Begegnungen / Przychodzą same* (*Begegnungen / Spotkania*), *Wie ein kinderloser Engel / Bezdzietny anioł* (*Genau dann / Właśnie wtedy*), *Gespräch mit der Muttergottes / Rozmowa z Matką Bożą* (*Gespräch / Rozmowa*), *Wenn du sagst / Kiedy mówisz* (*Wenn du sagst / Gdy mówisz*), *Du warst / Byłaś* (**** Du warst so normal... / Byłaś taka zwyczajna...*), *Dankbarkeit / Wdzięczność* (**** Es gibt eine Dankbarkeit... / Jest taka wdzięczność...*), *Du bist / Jesteś* (**** Du bist — denn obwohl es Herbst ist... / Jesteś — bo chociaż jesień...*).

Die Gedichte *Gerechtigkeit / Sprawiedliwość*, *So menschlich / Tak ludzka* erhielten in späteren Bänden Widmungen.

Die deutschen Übertragungen von sechsundsiebzig Gedichten erschienen in:

1. J. Twardowski: *Ich bitte um Prosa. Langzeilen.* Aus dem Polnischen übersetzt von Alfred Loepfe, Einsiedeln: Johannes Verlag 1973;

2. J. Twardowski: *Geheimnis des Lächelns.* Auswahl, Übertragung, Herausgabe Karin Wolff, Graz–Wien–Köln: Verlag Styria 1982;

3. *Lyrisches Quintett. Fünf Themen der polnischen Dichtung.* Hrsg. und aus dem Polnischen übertragen von Karl Dedecius, Frankfurt am Main: Suhrkamp Verlag 1992;

4. *Panorama der polnischen Literatur des 20. Jahrhunderts.* Hrsg. von Karl Dedecius. Deutsches Polen-Institut Darmstadt. 5 Abteilungen in 7 Bänden. *Poesie.* Bd. I. Hrsg. und übertragen von Karl Dedecius, Zürich: Ammann Verlag 1996;

5. J. Twardowski: *Wenn du betest atmet Gott in dir. Religiöse Lyrik mit biblischer Lesehilfe.* Auswahl und Übersetzung aus dem Polnischen von Rudolf Bohren jun., Zollikon: Glaube in der 2. Welt 1996.

Na potrzeby niniejszej edycji przekłady te zweryfikowano.

Dwadzieścia cztery wiersze zostały przetłumaczone specjalnie do obecnego wydania. Autorami przekładów są Karl Dedecius i Ursula Kiermeier.

Aleksandra Iwanowska

4. *Panorama der polnischen Literatur des 20. Jahrhunderts.* Hrsg. von Karl Dedecius. Deutsches Polen-Institut Darmstadt. 5 Abteilungen in 7 Bänden. *Poesie.* Bd. I. Hrsg. und übertragen von Karl Dedecius, Zürich: Ammann Verlag 1996;

5. J. Twardowski: *Wenn du betest atmet Gott in dir. Religiöse Lyrik mit biblischer Lesehilfe.* Auswahl und Übersetzung aus dem Polnischen von Rudolf Bohren jun., Zollikon: Glaube in der 2. Welt 1996.

Diese Übertragungen wurden für diese Ausgabe überprüft und redigiert.

Vierundzwanzig Gedichte wurden speziell für diese Ausgabe übersetzt. Diese Übertragungen stammen von Karl Dedecius und Ursula Kiermeier.

Aleksandra Iwanowska

Übertragen von Ursula Kiermeier

ALFABETYCZNY SPIS TYTUŁÓW

ALPHABETISCHES VERZEICHNIS DER GEDICHTTITEL

SPIS TREŚCI / INHALTSVERZEICHNIS

NIEBIESKIE OKULARY (*HIMMELBLAUE BRILLE*) (1980)

KTÓRY STWARZASZ JAGODY (*DER DU DIE BLAUBEEREN ERSCHAFFST*) (1983)

SERIA DWUJĘZYCZNA
w Wydawnictwie Literackim
w sprzedaży

100 wierszy polskich — *100 Polnische Gedichte*
— wybór i przekład Karl Dedecius

Ewa Lipska
Życie zastępcze — *Ersatzleben*
— wybór i posłowie Ewa Lipska, przekład Alois Woldan

Bułat Okudżawa
Pieśni, ballady, wiersze — *Стихи и песни*
— wybór i posłowie Andrzej Mandalian, tłumacze różni

Czesław Miłosz
Dar — *Gabe*
— przedmowa Czesław Miłosz, wybór i przekład Karl Dedecius

Czesław Miłosz
Poezje wybrane — *Selected Poems*
— wybór i posłowie Czesław Miłosz, tłumacze różni

Francesco Petrarca
Sonety do Laury — *Canzoniere*
— wybór i przekład Jalu Kurek, posłowie Andrzej Borowski

Halina Poświatowska
właśnie kocham... indeed I love...
— wybór i przekład Maya Peretz, posłowie Anna Nasiłowska

Tadeusz Różewicz
Poezje wybrane — *Selected Poems*
— przekład Adam Czerniawski i Richard Sokoloski, posłowie Tom Paulin
i John Osborne

Wisława Szymborska
Nic darowane — Nulla è in regalo
— wybór, przekład i posłowie Pietro Marchesani

Wisława Szymborska
Nic dwa razy. Wybór wierszy — Nothing Twice. Selected Poems
— wybór i przekład Stanisław Barańczak i Clare Cavanagh,
posłowie Stanisław Barańczak

Wisława Szymborska
O śmierci bez przesady — De la mort sans exagérer
— wybór i przekład Piotr Kamiński, posłowie Marian Stala

Wisława Szymborska
Sto wierszy — Sto pociech. Hundert Gedichte — Hundert Freuden
— wybór, przekład i posłowie Karl Dedecius

Adam Zagajewski
Trzej aniołowie — Three Angels
— wybór i posłowie Adam Zagajewski, przełożyli: Clare Cavanagh,
Renata Gorczyńska, Benjamin Ivry, C. K. Williams

Wydanie pierwsze
Printed in Poland
Wydawnictwo Literackie, 1998
31-147 Kraków, ul. Długa 1
http://www.wl.interkom.pl
e-mail: handel@wl.interkom.pl
Skład i łamanie: Edycja, Kraków, pl. Matejki 8
Druk i oprawa: Białostockie Zakłady Graficzne
15-111 Białystok, ul. Tysiąclecia Państwa Polskiego